I0787711

Román Rubio

¡SOCORRO! Me aburro

PRIMERA EDICIÓN

GRÜNERLØKKA EDICIONES

Primera edición: agosto 2018

A todos aquellos que, teniéndolo todo,
dicen aburrirse.

OTROS LIBROS DEL AUTOR

¡SOCORRO! Me jubilo

Adonde el viento nos llevó

Disponibles en Amazon.

INDICE

PREFACIO

Los dioses estaban tan aburridos que crearon a los seres humanos.

SØREN KIERKEGAARD

¡Yo nunca me aburro!, dicen algunos. Parece que hay personas que nunca se aburren, o así lo manifiestan. ¡Y eso que hasta los dioses lo estaban cuando se decidieron a crear sus juguetitos! Yo, tengo que confesar que sí; me aburro. No mucho y no siempre, pero me aburro y soy incapaz de determinar si los demás se aburren tanto como yo, o más, y lo disimulan (está mal visto decir que uno se aburre en esta sociedad de ganadores y personas felices) o es cierto que no se aburren jamás como les gusta proclamar. Y si esto es así, quisiera saber si su permanente alborozo viene motivado por ignorancia o por sabiduría. Sabemos que el necio no se aburre. La simpleza del imbécil hace que ni se lo plantee. Bastante distracción hay con ver las moscas volar. Ya lo decía Sócrates refiriéndose a la satisfacción, tan relacionada con el aburrimiento: «Es mejor ser un humano insatisfecho que un cerdo satisfecho», pensamiento que el utilitarista y hedonista inglés Stuart Mill matizó con aquello de «mejor ser un Sócrates insatisfecho que un necio satisfecho, y si el necio o el cerdo no lo ven así es porque solo conocen un lado de la cuestión». Está clara la posición del necio ante el aburrimiento, ya que es capaz de abarcar tan poco que con ello se conforma, pero ¿y el sabio? ¿Puede este librarse del aburrimiento a pesar de tener sus neuronas perfectamente engrasadas con abundante colesterol?

¿Qué tiene el aburrimiento que unos lo padecen de forma persistente y hasta severa y otros lo desconocen? De quienes dicen no aburrirse nunca, algunos parecen decir la verdad, mientras otros tenemos que estar permanentemente luchando contra el tedio y en ocasiones, con éxito limitado. Aburre el viaje por lo fatigoso y predecible y también el quedarse en casa; aburre, en ocasiones, la actividad laboral cotidiana por lo que pueda tener de extenuante y repetitiva; aburre el ocioso descanso del que no está cansado y aburre, sobre todo, el hecho de tener que buscar actividad como antídoto al aburrimiento.

Y ahí hay verdaderos maestros. La medicina clásica contra el aburrimiento, recetada a este prudente ciudadano que escribe por tantos bienintencionados consejeros no consultados, es la búsqueda de actividad por la actividad misma a modo de terapia ocupacional, como si fuera esta y no la pasión lo que cuenta. «¿Por qué no te apuntas a clases de baile? ¿O a un club de lectura? ¿Y a una ONG? ¿O a inglés, quizá? ¿Y por qué no a un coro? ¿Y a clarinete? ¿Por qué no te inscribes en los viajes del

Imserso? ¿Y a pintura?» Pues bien: no tomo clases de baile porque no me gusta bailar. O, mejor dicho: no veo la relación que hay entre la práctica del gozoso ejercicio de la catártica danza y el hecho de acudir dos días por semana a un lugar en el que una no tan jovencita en mallas o un mancebo semidesnudo me interpele a mí y a otros infelices como yo con su cansina letanía de: «un dos, vuelta, tres, cuatro, paso de balanceo... ¡Métanme esa barriguita!». El club de lectura lo desestimo, en primer lugar, porque no soy tan gregario como para que me apetezca leer lo mismo que al resto de miembros (y miembras) y en segundo lugar por lo mismo que deploraba muchas de las reuniones con mis colegas en mi larga vida profesional: me huele que la gente va a escucharse y a establecer con los demás, a modo de terapia grupal, una especie de competición sobre quién es «ligeramente» más ingenioso que los demás, pero solo ligeramente, que, si no, se antoja soberbia. El inglés no es una opción para alguien que ya hizo los deberes y fue uno de los pocos privilegiados —junto con Esperanza Aguirre— que aprendió la lengua anglosajona de joven. En cuanto al clarinete, ¡hombre, no estaría mal!, si no fuera por la molestia que puede ocasionar a quienes viven en la finca y en la propia casa de uno los repetitivos ejercicios de un inepto. Los viajes del Imserso los veté desde un principio y por principios: no quiero viajar con viejos; ni quiero saber nada de *apartheids*: ni raciales, ni de sexo ni de edad —solo quiero pertenecer a clubes que admitan a jóvenes, mujeres, musulmanes, homosexuales y hasta perros (pocos) —. En cuanto a la ONG, lo dejaremos para quien tenga vocación de entrega a los demás. Lo siento. Admiro a las personas que lo hacen, pero no soy de los que se sacrifican por desconocidos más allá de la aportación económica mensual voluntaria.

Y con este panorama tengo que reconocer que, una vez liberado de obligaciones laborales, el abanico de las distracciones se va estrechando, quedando casi exclusivamente reducido a la práctica del dominó y la confesión. La primera la ejercito menos de lo que sería deseable por la dificultad que supone reunir a otros tres seres igualmente ociosos y aburridos, y la segunda porque no me da la gana contar a nadie mis pecadillos. De modo que, producto del aburrimiento, ha salido este libro que hoy, lector, tienes en tus manos. Menos mal que quedan la lectura y la escritura.

Y como prueba de que en esto del tedio no estoy solo me referiré a dos hombres notables, presumiblemente inteligentes y cultos, solidarios en el asunto de la juerga, que confesaron su aburrimiento; no en Facebook —en donde nadie, nunca, lo ha confesado—, sino en el instante más crítico de su existencia, en el que no se miente: el momento de morir. Las últimas palabras de Winston Churchill en su lecho de muerte (como si fuera consciente de que iba a ser citado, como casi todo lo demás que dijo en su vida) fueron, según testigos: *«I'm so bored with it all»* (estoy tan aburrido de todo). Instantes después entró en coma del que no se despertó. Otro inglés, St John Philby, el arabista y aventurero padre del más notable espía de la Guerra Fría, Kim Philby, pronunció también como últimas palabras la frase *«God, I'm bored»* (Dios, que aburrido estoy) sintiéndose indispuesto tras haber comido y bebido con la legación diplomática británica en Beirut y haber seducido a los presentes con sus chascarrillos y sabrosas anécdotas. Y, acto seguido, expiró.

Así están las cosas. Lo dijo Shopenhauer: «La vida humana oscila como un péndulo del sufrimiento al aburrimiento» Y el autor de este libro, para «matar» el aburrimiento (que no el tiempo) se entrega a la batalla diaria con la página en blanco hasta acabar el producto que tú, lector, tienes entre tus manos.

El Jubilado Martínez

I. ACCIÓN Y MOVIMIENTO

O tédio... Sofrer sem sofrimento, querer sem vontade, pensar sem raciocinio...

El tedio... Sufrir sin sufrimiento, querer sin deseo, pensar sin raciocinio...

FERNANDO PESSOA. Livro do desassossego

Marque con una X:

A) *Nunca voy al retrete sin mi móvil o mi tableta. En una ocasión lo hice por descuido o urgencia y acabé leyéndome el prospecto de la Aspirina.*

B) *Mientras evacuo no me permito distracción alguna. Dejo mi mente en blanco, entorno los ojos y trato de visualizar el tránsito excremental, tal y cómo me instruyeron en el último curso de "mindfulness & body coaching"*

Se dice de Disney que ha hecho mucho daño al mundo animal con los argumentos de películas como Bambi o el Rey León, en las que se dota a los animales de cualidades humanas. La enorme popularidad de los filmes ha distorsionado la apreciación de la relación entre sí y con el hábitat de los animales salvajes y, de rebote, de los domésticos —o mascotas— a los que se les presenta amigos en el parque, se les lleva al psicólogo y poco menos que se les contrata Netflix para que se entretengan.

De igual modo, el cine, las producciones para televisión y, en alguna medida, también el teatro, han actuado de manera perversa en la apreciación del paso del tiempo, de un tiempo que se nos presenta siempre lleno de contenido, de "acción", por inane y absurda que esta sea y excluyendo por completo la contemplación y la meditación, generadoras de pensamiento y tan necesarias para el equilibrio cognitivo y emocional. Es lo que algunos autores de sociología moderna han dado en llamar *sobrecalibración*, que no es sino el hecho de intentar comprimir escalas temporales masivas dentro de otras mucho más escuetas, como esas veteranas estrellas californianas que, a base de bótox, consiguen congelar una imagen borrando la base temporal al tiempo que borran también cualquier expresión. Pondré un ejemplo: una de estas noches, el Jubilado Martínez, autor del prólogo de este libro, se sentó ante el televisor animado por el comienzo de una película del 007 que no había visto y que venía introducida de manera sugerente por una bonita canción de Adele. Aguantó, como casi siempre, hasta el primer descanso con su aluvión publicitario. De un tiempo a esta parte, conforme nuestro jubilado se va haciendo mayor, se vuelve más impaciente con las injerencias no deseadas, como si le robaran un tiempo de vida precioso que intuye que comienza a escasear. En ese rato tuvo tiempo de presenciar una persecución por las calles de Estambul seguida de otra por los tejados del Gran Bazar, una pelea sobre el techo de un tren con caída al agua seguida de caída por cascada que dio lugar a la redacción de un precipitado obituario del agente, desmentido por su propia presencia en Londres. A este empacho de acción siguió un periodo de pruebas físicas en la central londinense y un viaje a Shanghái con pelea a vida o muerte en un semivacío rascacielos. Todo en cuestión de minutos. Exhausto de tanta y tan extrema actividad ajena, Martínez se fue a la cama a restablecerse de tanto desgaste físico, pero quienes continuaron viéndola seguro que viajarían con Bond a unos cuantos otros lugares del globo y se verían envueltos en otras lides y trampas mortales con el único reposo de un par de martinis —*shaken, not stirred*— y dos escenas de cama con estupendas espías de los dos bandos. Todo en un par de horas. Compárenlo con su propia vida. Es desmoralizador.

Y es que, como en una ocasión dijera Hemingway a Marlene Dietrich, «no hay que confundir acción con movimiento». A veces coinciden y a veces no. Vean si no los argumentos teatrales de las obras de Yasmina Reza *Arte* o *Un dios salvaje*. En el *quasi* inmovilismo al que confina el salón de un apartamento se desencadena una acción frenética de alianzas y traiciones, amargas decepciones y agresiones, desprecios, nuevas filias, viejas y ocultas fobias y afloramiento de viejos rencores y complejos, en tanto que en una persecución en coche por callejuelas en donde los puestos de verduras vuelan por los aires hay mucho movimiento. Huero, inane y tedioso movimiento, pero ¿acción? Siempre acaba el bueno a salvo y los malos (o los policías, que a veces viene a ser lo mismo) todos accidentados y con sus coches destrozados. Nada que no solucionen unas cuantas grúas y un taller de chapista. Se trata de lo que Martínez, nostálgico de los boleros, llama *frenetismo,* palabro para designar aquello que es furioso, rabioso o poseído de frenesí, evocando aquello de: «es más que acción, frenesí». ¿O era amor?

Algunos objetarán que ese es precisamente el objeto de la ficción. El entretenimiento. ¿Y qué entretenimiento hay en ver a 007 leyendo un libro, meditando o dormitando las 14 horas de vuelo a Shanghái?

Reconocemos el argumento como ficción. En realidad, nadie, en su sano juicio, identifica las andanzas del famoso espía como situaciones de la vida real. Se trata de cine y al cine vamos a ver espectáculo y no, necesariamente, a ver pasar la vida real con sus innumerables momentos de *impasse*. El problema es que no se trata de una película, sino de cientos de ellas que terminan, como las novelas de caballería a Don Quijote, dejando su huella. Durante toda la vida. Desde bien temprano, edad en la que es difícil desligar la ficción con la realidad o el personaje de ficción con el de carne y hueso. Mark Haynes, guionista londinense, relató una preciosa anécdota en el diario The Independent, como obituario a la muerte de Roger Moore (un 007) que ilustra el tema de manera entrañable.

Cuando tenía siete años –allá por el año 1983- en los días en que aún no existían las salas de primera clase de los aeropuertos, me encontraba con mi abuelo en el Aeropuerto de Niza y vi a Roger Moore sentado en la puerta de embarque leyendo un periódico. Le dije a mi abuelo que acababa de ver a James Bond y le pregunté si podíamos acercarnos a que me firmara un autógrafo. Mi abuelo no tenía ni idea de quiénes eran James Bond ni Roger Moore de modo que me llevó delante de él y le espetó: «Mi nieto dice que eres famoso. ¿Podrías firmar aquí?»

Tan encantador como de costumbre, Roger preguntó mi nombre y, tal y como debe de ser, firmó el reverso de mi billete de avión con una completa nota llena de buenos deseos. Yo estaba extasiado, pero mientras buscábamos el asiento eché un vistazo a la firma. Era difícil de descifrar, pero allí no ponía «James Bond». Mi abuelo lo examinó y más o menos dedujo que allí ponía «Roger Moore». Yo no tengo ni idea de quién es esa persona y mi corazón se encoge. Le dije a mi abuelo que se había equivocado al firmar y había puesto el nombre de otro, de modo que mi abuelo va otra vez hacia Roger Moore con el billete que acaba de firmar.

Recuerdo a mi abuelo decirle: «dice que te has equivocado de nombre al firmar, que tu nombre es James Bond». Roger Moore hizo un gesto de comprensión y me hizo una seña para que me acercara a él. Cuando estaba a su altura, se inclinó hacia mí, miró a uno y otro lado, levantó una ceja y en un susurro me dijo: «he tenido que firmar Roger Moore porque si no… Blofeld podría descubrir que estoy aquí». Me pidió que no dijera a nadie que acababa de ver a James Bond y me dio las gracias por guardar el secreto. Volví a mi asiento con los nervios tintineando de gozo. Mi abuelo me preguntó si había firmado como James Bond. «No», le dije. «Lo tomé por otro». Ahora me encontraba trabajando con James Bond.

La anécdota, por sí misma, es estupenda y esclarecedora del papel de los mundos real e imaginario en la mente de un niño de siete años, pero lo mejor es que la cosa no quedó ahí. La historia tuvo una inesperada continuación. Mark Haynes continúa el relato desvelado, como digo, en The Independent, a la muerte del actor:

> Muchos años después, estaba ejerciendo como guionista en una grabación relacionada con UNICEF y Roger Moore tenía que grabar algo como embajador de la organización. Se comportó amablemente y mientras los cámaras preparaban el trabajo le comenté de pasada el encuentro en el aeropuerto de Niza. Le encantó la historia y riéndose por lo bajo dijo: «Bueno, no lo recuerdo, pero me encanta que conocieras a James Bond».

> Y entonces, hizo algo absolutamente genial. Acabada la filmación se cruzó conmigo en el pasillo y, cuando estuvo a mi altura, se paró, miró a ambos lados, levantó una ceja y con un susurro me dijo: «Por supuesto que me acuerdo de cuando nos vimos en Niza, pero no quise decirlo aquí, entre todos esos cámaras... Cualquiera de ellos podría estar trabajando para Blofeld».

Ojalá todos los episodios de interferencias entre ficción y realidad se desarrollaran con esta ironía inteligente y gentil, tan inglesa. No siempre es así. A menudo, los efectos de querer emular los episodios de ficción tienen consecuencias desagradables y hasta trágicas.

El aburrimiento es sinónimo de tedio. En todo este trabajo se empleará uno u otro término indistintamente, que se relaciona (sin identificarse) con otros estadios y emociones tales como la depresión, la tristeza, la melancolía, la infelicidad o los conocidos como *spleen* o *mal du siècle*. El elemento más distintivo del aburrimiento respecto a otros estados emocionales como la melancolía o la infelicidad (todos ellos felizmente transitorios) es su condición de fugacidad. Solemos decir que uno "es" feliz o "desdichado" pero que «está» aburrido, lo que implica que uno puede dejar de estarlo tan pronto como acabe el sermón o se le mande a darse mutuamente la paz, en tanto que para llegar a ser feliz o dejar de serlo se suelen necesitar ocurrencias más drásticas. Si decimos que alguien «es» aburrido, el significado del mensaje es totalmente distinto. Queremos decir no que el aburrimiento se queda de manera perseverante en nuestra alma como podría ser la felicidad o infelicidad, sino que nosotros mismos nos convertimos en unos plastas, haciendo de nuestra presencia una insufrible matraca como la del abuelo Cebolleta, con sus constantes referencias a la guerra, o aquel líder nacionalista que amaba tanto, pero tanto a su país, que hacía la vida de su compañero de celda insufrible con sus patrióticas arengas.

Los anglófonos lo resuelven con dos palabras distintas, aunque de la misma raíz: *boring* para designar a quien o a lo que aburre (ser aburrido) —o el todavía más drástico *to be a bore*— y *bored* para referirse al estado emocional (estar aburrido); y los franceses diferencian entre *ennuyeux* y *ennuyé* para denotar las mismas cosas. Los italianos también utilizan dos adjetivos distintos de la misma raíz: *essere noiso* para ser aburrido y *essere annoiato* para estarlo. En Portugal no es exactamente lo mismo *ser chato* que *ficar entediado,* quedando el español, con su peculiar y eficaz distinción entre los verbos ser y estar, como única lengua conocida por este autor, junto al catalán —y por el mismo motivo—, en que la palabra aburrido sirve tanto para un roto (ser un plasta) como para un descosido (estar aburrido). En mi país se puede estar «más aburrido que una ostra» o puede uno ir a un evento «más aburrido que una carrera de caracoles». También se puede uno «morir de aburrimiento», pero eso lo dejamos para otro capítulo.

La distinción entre «ser» y «estar» aburrido nos lleva a una primera categorización de los humanos en base al concepto del tedio. Podemos imaginar unas coordinadas cartesianas en las que el eje vertical representa el concepto «ser aburrido». Arriba, los individuos muy divertidos y, en la parte inferior los plastas, aquellos que con su discurso e interacción con los demás logran aburrir hasta a las piedras. El eje horizontal representa el concepto «estar aburrido». A la derecha, aquellos que se divierten viendo volar una mosca y a la izquierda quienes se aburren hasta cuando saltan en paracaídas. Los ejes generan cuatro cuadrantes (A, B, C y D) con cuatro tipos de individuos.

A.- *Personas que «son» divertidas y «están» divertidas (Estrella)*. Son personas positivas, generalmente activas y optimistas, a menudo graciosas, a veces tirando a golfas, exitosas y cuya compañía es muy apreciada en reuniones, fiestas y celebraciones ya que pues fácilmente se convierten en el espíritu y el alma de la reunión. Transmiten optimismo y cierta alegría, estando ellos mismos permanentemente alegres y divertidos. Bertín Osborne, Wyoming y Jesús Calleja (o sus personajes televisivos) podrían pertenecer a este grupo.

B.- *Personas que «están» divertidas pero que «son» aburridas (Plasta)*. Siempre están sonriendo y son personas entusiastas y dispuestas a echar una mano donde quiera que haga falta, pero tan poco ocurrentes e imaginativas que suelen ser vistas por los demás como bobaliconas y algo plastas, aunque sin llegar a molestar. En todos los grupos suele haber alguien así: jovial y positivo pero que aporta poco al grupo, de modo que, si se ausenta, no suele ser echado en falta. Suelen ser carne de comisiones falleras y de festejos, asociaciones deportivas, cofradías, hermandades de Semana Santa y rocieras y sociedades y peñas varias. Son amantes de las actividades en grupo en donde pueden expresar con generosidad sus filias para con los demás que son, por lo general, bien acogidas.

24

C.- *Personas que «son» aburridas y «están» siempre aburridas (Cenizo).* Este grupo está formado por individuos a los que se ve como nefastos. Tienen reputación de ser agoreros, gafes, tristes, pesimistas y aguafiestas y ellos se esfuerzan en confirmar los augurios. Tienden a verlo todo negro (o gris oscuro) y, lo que es peor, se empeñan en transmitirlo de ese modo a quienes les rodean, sin conmiseración alguna.

D.- Es quizá el grupo menos numeroso y más original de los cuatro. Son las *personas que logran, sin proponérselo, «ser» divertidas dentro de su estado natural de «estar» permanentemente aburridas y no disimularlo en absoluto (Comediante).* Son ocurrentes y geniales dentro de su propia atonía anímica interior, de modo que, aun declarando su propio aburrimiento, melancolía, o incluso tedio existencial (o precisamente por ello) son capaces de sacar una sonrisa y hasta alguna que otra carcajada en los demás. De muchos de ellos se dice que tienen «retranca» y se les atribuye un sentido sofisticado de la ironía y un uso medido del sarcasmo que puede venir condimentado con una cierta «mala leche». Son personajes altamente dotados para la comedia. Tal es el caso de Buster Keaton, capaz de hacer reír con su inexpresiva cara de palo o el mismo genial Eugenio, el maestro de los chistes, aquellos que empezaban con: «¿Saben aquel que diu...?». Woody Allen, con su capacidad de divertir al personal mientras confiesa obsesivamente su miedo a la muerte y su tedio existencial, podría ser otro ejemplo de este grupo de codiciados y geniales comediantes que logran transmitir diversión a los demás al tiempo que exponen su propio aburrimiento. En la película de Woody Allen *Si la cosa funciona*, el protagonista (*alter ego* del propio Allen) siente una enorme angustia vital en mitad de la noche y conmina a su esposa a acudir al hospital en busca de una cura para lo que parece ser su propia muerte. Cuando esta le pregunta si es inminente, el hombre le dice que no, que la angustia le viene de la idea de que tiene que morir un día, lo que provoca la hilaridad del público en una risa catártica y liberadora que conjura, en la risible figura del pesimista incurable y aburrido impenitente, sus propios miedos e inseguridades.

La palabra aburrimiento se forma con el sufijo *miento* (acción y efecto) y el término aburrir, que proviene del latín *abhorrere,* compuesto por la partícula *ab* (ausencia de, alejamiento) y *horrere* (horror), de modo que denota una ausencia de horror o excitación. La asunción de ciertos riesgos en esta vida suele ser un perfecto paliativo contra el aburrimiento, cosa que conoce perfectamente el Jubilado Martínez, que no mueve ni una ficha de dominó si no hay en juego el pago de un café o unos céntimos de euro.

II. MORIR (Y MATAR) DE ABURRIMIENTO

«Lo único horrible que hay en el mundo es el aburrimiento, Dorian. Es el único pecado para el que no existe perdón».

OSCAR WILDE. El retrato de Dorian Gray

¿De qué murió Rasputín? Marque con una X:

A) Se atragantó al comer una magdalena.

B) De dos tiros e hipotermia al ser lanzado al río Neva.

C) Se quedó seco en su butaca del teatro Mariinski de San Petersburgo tras asistir al ciclo completo de "El anillo del nibelungo", de Richard Wagner.

En nuestro idioma, el aburrimiento puede venir asociado a la solemnidad, de modo que la expresión «me aburrí solemnemente» asocia el tedio con lo formal, lo solemne, lo grandilocuente, lo patético. Y como lo patético hace referencia a lo fúnebre y esto a la muerte, las locuciones «muerto de aburrimiento» y «mortalmente aburrido» son expresiones propias de nuestra lengua que relacionan el aburrimiento con la muerte, lo mismo que, curiosamente, ocurre en inglés (*I'm bored to death*), en francés (*s'ennuyer à mourir*) o en italiano (*morire di noia*). Parece que todos los idiomas de nuestro entorno tienen una expresión similar que relaciona el tedio con el hecho de la no existencia. Si por la filosofía popular fuera, se puede llegar a morir de aburrimiento, como de amor, de inanición o de pena. Martínez, que no es muy aficionado a la ópera, sintió en una ocasión síntomas premonitorios de la muerte por aburrimiento en una representación de *El ocaso de los dioses,* de Wagner

La historia está llena de casos de personas que han muerto o se han «dejado morir» tras la pérdida de algo que daba sentido a sus vidas ya sea la Patria, la familia, la hacienda o el honor. Unamuno murió en diciembre de 1936, sólo unos meses después del inicio de la contienda española asqueado y dolido por la barbarie y aburrido por el arresto domiciliario al que se vio sometido, y Machado y Azaña, unos días después de cruzar la frontera del exilio. Podemos asegurar que estos patriotas murieron de amarga aflicción al verse despojados de su Patria o rechazados por ella, como también le ocurriera a Miguel Hernández en su celda y a tantos otros a quienes les sobrevino la muerte unos días o unas semanas después de enterrar a su ser más querido. La muerte de pena está aceptada por el imaginario popular que le ha puesto el afectado nombre de «síndrome del corazón roto», atendiendo, de manera particular, a los casos de pena por amor. La muerte sobrevenida por el amor truncado por el tiempo, las barreas sociales, la distancia o, simplemente, por el amor no correspondido, ha generado innumerables páginas de la literatura universal de todos los tiempos. Nadie cuestiona la ocurrencia que el término «morir de amor» implica, aunque sea solo por no contradecir a la lírica provenzal, a Ovidio, Shakespeare, Lope, Moratín y tantos otros. Pero ¿y el aburrimiento? ¿Puede haber muerte por aburrimiento tal y como indica el adagio en todos los idiomas?

En un intento de medir esta circunstancia se llevó a cabo un experimento en el University College de Londres. Para ello se pasó una encuesta a 7.500 sujetos de entre 35 y 55 años entre 1985 y 1989 para determinar el nivel de aburrimiento del personal. Los resultados determinaron que el 10% de los encuestados se encontraban aburridos y quienes más tedio sufrían resultaron ser las mujeres y los trabajadores jóvenes. Veinte años después, el investigador Martin Shipley y su equipo tomaron los datos de la encuesta y los contrastaron con los de la supervivencia de estos individuos. Los resultados, publicados en la revista *Journal of Epidemiology* muestran que los que habían revelado un alto nivel de tedio tenían un 37% más de probabilidades de morir y una correlación aún mucho mayor con las posibilidades de contraer una cardiopatía. ¿Quedaría, pues, probada la tesis de muerte por aburrimiento?

Bueno, no tanto. Lo cierto es que, quienes proclamaron su aburrimiento en los 80, al sentirse menos motivados y más infelices, eran más proclives al vicio de fumar, al consumo de alcohol y drogas y a los desórdenes alimentarios, lo que explicaría por sí mismo la mayor incidencia de accidentes cardiovasculares. Estaríamos, pues, en la casilla de inicio. Es muy posible que no sea el aburrimiento el causante de la muerte, sino los (malos) paliativos. Habría que aislar y controlar las variables de los malos hábitos de salud contraídos para poder determinar que el aburrimiento es en sí mismo (y no un mero coadyuvante), la causa de la incidencia de la muerte.

En el prólogo de este libro he citado el caso de dos ilustres ingleses que confesaron el estado de profundo aburrimiento momentos antes de morir. Uno es Winston Churchill, quien, a pesar de haber sido uno de los protagonistas de la Historia del siglo XX y haber conseguido el Nobel con sus escritos, vivió sus últimos años acosado por la sombra negra de la depresión que trataba de paliar viajando al Mediterráneo y a Marrakech y pintando acuarelas, pobres sustitutivos de la trepidante acción de la primera línea política. El otro, St John Philby, padre de del espía Kim Philby, había llevado, hasta el día de su muerte en que confesó su aburrimiento, la vida más apasionante y movida que se pueda imaginar: fue explorador, consejero, escritor y oficial de inteligencia en el Colonial Office y, además del árabe, podía hablar con fluidez urdu, panyabí oriental, baluchi y persa. Actuó de intermediario entre el Reino de Arabia y el Reino Unido y los Estados Unidos en la gestión y venta del petróleo arábigo y estuvo casado dos veces, la segunda con una mujer árabe. Está claro, pues, que la apreciación del tedio es algo absolutamente subjetivo: hay quien se aburre toreando a un morlaco de seiscientos quilos y quien se distrae viendo volar a una mosca. Como la vida misma.

Está claro que no es lo mismo morir que matar, aunque al final de la historia haya un cadáver. No solo se muere de aburrimiento sino, lo que es más aberrante, se mata por aburrimiento. Son muchos los casos documentados de asesinatos cometidos con el único propósito de «matar» el aburrimiento, de «pasar el rato» de la manera más amena, distraída y menos tediosa posible. En el libro *El arte de saber aburrirse*, Sandi Mann recoge una serie de hechos que ilustran la tesis:

En 2013, en Oklahoma, Chancey Allen Luna, de dieciséis años, en compañía de otros dos menores, disparó con su pistola varios tiros y mató al joven australiano Christopher Lane, estudiante de intercambio y jugador de beisbol del equipo universitario, mientras corría por la calle en el barrio de su novia. «Estábamos aburridos y no sabíamos qué hacer, así que decidimos matar a alguien», fueron las declaraciones del joven

Chancey al ser detenido. En Conneticut, en 2016, seis adolescentes asesinaron a puñaladas al joven de 25 años Matthew Chew alegando el aburrimiento como la causa que motivó el crimen. La misma motivación confesó Jeremy Cancel en 2008 cuando asesinó al estudiante universitario Kevin Pravia asfixiándolo tapándole la cabeza con una bolsa de plástico en su apartamento neoyorquino. En 2015, en el Reino Unido, Stuart Harling, de 19 años, apuñaló hasta la muerte a la enfermera Cheryl Moss. Después confesaría a un guardia de la prisión que lo había hecho por aburrimiento. Lo mismo que declararon Conrad Allen, de 17, y Dameion Robinson, de 18, al ser detenidos por matar en la puerta de su casa al joven Evelardo Campos, de 33, en Carolina del Sur. O Marcel Dockery, de 16 años, cuando provocó un incendio en el que murió un oficial de la policía de Nueva York y otro quedó herido de gravedad. Todos confesaron haber cometido los asesinatos «por aburrimiento».

En 1994, Javier Rosado, de 22 años, estudiante madrileño de Químicas, con la colaboración de su amigo Félix Martínez, de 17, estudiante de 3º de BUP, mataron a puñaladas al empleado de limpieza Carlos Moreno, de 52 años, mientras este esperaba el autobús en los extrarradios de Madrid a las tantas de la madrugada. Al hecho, de enorme resonancia en su momento, se le conoce como *El crimen del rol* por ser la consecuencia de un juego inventado por el joven universitario (que, por cierto, nada tiene que ver con los juegos de rol). Uno de los requisitos del juego era el de dar muerte a alguien antes del alba. En un principio, pensaron que debía ser una mujer. Por una u otra razón desestimaron a varias involuntarias candidatas y al final se encontraron al desdichado solo, a las cuatro de la madrugada, en una parada de autobús y lo cosieron a puñaladas en un parque contiguo. «Es espantoso lo que tarda en morir un idiota», escribió el joven asesino confeso y convicto en su diario poco después. Fue condenado a 42 años y dos meses de prisión, lo que le proporcionará, sin duda, tiempo para reflexionar sobre el tedio. En el momento de escribir esto, lleva la mitad de su vida entre rejas (circunstancia que le habrá permitido acumular experiencia y suficientes reflexiones para escribir varios ensayos sobre el aburrimiento).

Siempre hay alguien dispuesto a superar cualquier proeza, por atroz que sea. El enfermero alemán Niels H., de 41 años, está acusado de matar a 97 pacientes —62 en el hospital de Delmenhorst y 35 en el de Oldemburgo, en los que trabajó— «por puro aburrimiento y ansia de notoriedad». Una enfermera, compañera suya, lo descubrió administrando un medicamento no prescrito a un paciente en la Unidad de Cuidados Intensivos y se descubrió el pastel: con medicación no prescrita provocaba fallos cardiacos o colapsos circulatorios en los enfermos a los que después reanimaba para aparecer como un héroe ante sus colegas. Claro, que no siempre funcionaba. «Lo hacía para poder dejar patente sus habilidades en el campo de la reanimación de cara a sus compañeros y para combatir su aburrimiento», declaró el fiscal a cargo del caso, Martin Zokorieck, lo que da cuenta de la gravedad de los efectos del aburrimiento en algunas profesiones, sobre todo, si se asocia este con el pecado de la vanidad. No tiene las mismas consecuencias el aburrimiento del vigilante de un parking que el de un cirujano o, como en este caso, de un enfermero con rasgos psicóticos.

La literatura y el cine tienen suficientes ejemplos de personas que matan por aburrimiento, pero es la vida real la que, como en tantas otras ocasiones, supera a la ficción.

III ¡Y DIOS CREÓ EL INTERNET!

En vuestra paciencia, poseeréis vuestras almas.

LUCAS. 21:19

Marque con una X:

A) No recuerdo cuándo fue la última vez que subí a un autobús o a un metro que no me conectara a mis redes sociales favoritas en el móvil. Me interesan mucho los eventos de las vidas de mis amigos y conocidos.

B) Paso de las nimiedades de mis conocidos. Me concentro en los "me gusta" que he obtenido con las mías propias.

C) Me concentro en los "me gusta" de los demás. Me sorprende que sus trivialidades obtengan más "me gusta" que mis genialidades.

D) Paso de mirar el móvil. Llevo de continuo un libro en el bolsillo. Cuando me canso de leer, miro a la gente o medito.

En la ciudad en la que vive el Jubilado Martínez, como en la mía y en la tuya, lector, el *running* y las largas caminatas —tan populares entre las personas mayores— se han convertido en actividades extraordinariamente comunes. No hay municipio en este país que no tenga un circuito bautizado con el nombre de «ruta del colesterol» por el que discurren —bien al trotecillo, bien a paso vigoroso— multitud de ciudadanos equipados con quincallería variada de calibración y ataviados con vistosos —a menudo livianos— calzones, chándales, *leggins*, orejeras, bragueros, suspensorios, chalequillos, faltriqueras, cintas y bandanas y otras llamativas zarandajas de colores chillones. Observen a los corredores y a los caminantes que andan o corren solos. ¿Cuántos de ellos llevan un auricular en la oreja? A la mayoría, la música, las tertulias radiofónicas o los programas de entretenimiento los acompañan en su brioso deambular. Es como si el hecho de andar o correr no fuera una actividad con suficiente entidad como para llenar el tiempo de mis paisanos, necesitando de una estimulación «verdadera» y no una *light* como la sosería de desplazarse corriendo o andando. El hecho de que Dickens encontrara la inspiración para sus novelas en sus largas caminatas vespertinas por Londres —propiciadas por el insomnio— sin llevar (o quizá por ello) ningún pinganillo en la oreja parece no convencer a nuestros *runners* e intrépidos andarines jubilados y ocupados, incapaces de encontrar en el silencio, el ruido ambiente y la reflexión, motivación suficiente. La circunstancia de que Aristóteles y sus discípulos, la escuela peripatética, obtuvieran en el paseo, sin refuerzo auditivo alguno, la estimulación necesaria para desarrollar su filosofía tampoco parece ser un elemento disuasorio de nuestros coetáneos, que prefieren el ruido continuo de la información y la sobreestimulación, circunstancia que quizá explica, el porqué de la ausencia de creatividad en tantos. Ni Dickens ni Aristóteles se sirvieron de auriculares en sus andaduras, lo que, sin duda, influyó decisivamente en la necesaria inspiración literaria y filosófica de sus obras.

Otro paseante irredento y solitario fue Rousseau (1712-1778), al que las ideas le venían caminando y que hizo del andar una ética. En su reveladora obra *Les Rêveries du promeneur solitaire* (1778) el autor explica sobre el particular:

> Viajaba, viajaba a pie y viajaba solo. Mis dulces quimeras me servían de compañía y nunca el calor de mi imaginación dio a luz a ninguna más magnífica. Cuando me ofrecían alguna plaza vacía en un coche, fruncía el ceño al ver derrumbada la fortuna cuyo edificio yo construía mientras caminaba.

Claro que, cuando el ginebrino habla de las "dulces quimeras", se refiere a sus amoríos con la baronesa de Warens, de Annecy, trece años mayor que él y protectora y amante en un periodo de su vida. Por si quedara alguna duda de la disposición a la caminata solitaria como fuente de inspiración (y no solo de ensoñación), Rousseau justifica así el recuento de sus pensamientos de caminante:

> (…) llevar un registro fiel de mis paseos solitarios y las ensoñaciones que los llenan cuando dejo mi cabeza enteramente libre y a mis ideas seguir su inclinación sin resistencia ni traba. Estas horas de soledad y meditación son las únicas del día en que soy yo plenamente sin distracción ni obstáculo, y en que verdaderamente puedo decir que soy lo que la naturaleza ha querido.

¿Qué pensaría Rousseau de los caminantes pertrechados de auriculares que, en su empeño en llenar el tiempo, enturbian su entendimiento con emociones como la ira o el desasosiego propiciadas por la vorágine diaria de iluminados periodistas, tertulias, tertulianos y vendemantas que les comen la oreja con una actualidad política hipermusculada, al tiempo que les desvelan el sentido de su propia existencia?

También Nietzsche dio muestras de amor incondicional al enriquecedor paseo. En su obra *Ecce homo: Cómo se llega a ser lo que es,* explica los beneficios de la asociación de movimiento con pensamiento: «Estar sentado el menor tiempo posible; no prestar fe a ningún pensamiento que no haya nacido al aire libre y pudiendo nosotros movernos con libertad, a ningún pensamiento en el cual no celebren una fiesta también los músculos», dice el alemán para el que «la vida sin música no es más que un error, una fatigosa necesidad, un exilio». Entendemos que Nietzsche se refería al ejercicio físico (el paseo) y la audición musical realizados en distintos momentos, dado que cuando abrazó al caballo castigado por el cochero turinés —en un acto de desagravio en nombre de la humanidad— no consta que portara, ni que se hubiera inventado siquiera, el walkman, cuánto menos el *iPod* o el *smartphone*.

Del mismo modo, en los gimnasios, muchos se sirven de los auriculares al tiempo que hacen sus ejercicios y algunos miran una pantalla de televisión y hasta leen un libro mientras se ejercitan en la cinta o la bicicleta. ¿Cómo va a proporcionar el correr o el andar suficiente estimulación para la mente del hombre moderno tan acostumbrada a la sobreestimulación que produce el bombardeo informativo perpetuo?

Y, como antídoto al aburrimiento, para que no haya en el día ni un solo tiempo muerto, se inventó… el teléfono. O mejor, el *smartphone* o comoquiera que quieran llamar a ese potente ordenador que llevamos en el bolsillo y que nos conecta, en todo momento, con el mundo. El terminal móvil, con su accesibilidad y prestaciones, rellena todos las pausas y los silencios de nuestras atribuladas vidas: la visita al retrete, la sala de espera del dentista, los episodios de anuncios de la tele, los desplazamientos en autobús o en metro, los del ascensor, la espera en el semáforo, la cola de la panadería y hasta los desplazamientos a pie por la ciudad, en los que puede llegar a constituir un verdadero peligro: de colisión con otros peatones y hasta de atropello. También se convierte en un intruso —o cómplice agradecido (según se mire)— de las cenas y reuniones con amigos y familiares al que recurrimos a menudo con subrepticias miradas y pequeñas atenciones y poder así distraernos de los segundos muertos que puedan sobrevenir en la velada. La cuestión es no frenar ni por un instante la estimulación que la información y la conectividad ejerce en la mente. El aparato, en la medida en que disponga de carga en la batería, nos garantiza una manera de esquivar el vértigo que produce el vacío del encuentro con el propio yo y hasta con los «insignificantes otros».

Douglas Rushkoff es un reputado escritor, columnista y profesor norteamericano destacado en el campo de la cultura virtual y, al respecto, tiene un curioso y sabio consejo que dar al público enganchado a la conectividad permanente: que cada cual se programe una alarma para que le recuerde, cada 120 minutos o así, que tiene que desconectar del mundo virtual y dedicar cinco minutos a la «meditación», entendiendo por esta la reflexión y la escucha de la voz interior y no necesariamente el hecho de decir «Uuuuummmm» adoptando la postura del yogui. De este modo, cada uno de nosotros tratará de neutralizar la perversa paradoja de que, en su empeño de matar el aburrimiento, el hombre moderno (y hasta la mujer) mata la creatividad, eliminando la necesaria reflexión que le ha de llevar a ella. La propuesta de Rushkoff me parece excelente. En realidad, quienes han sido lectores durante mucho tiempo, como es el caso de Martínez, saben que uno de los mejores y más provechosos momentos de la lectura es cuando se aparta la mirada del libro y se dedican unos momentos a cavilar ensimismados sobre lo que se acaba de leer mientras se mira distraído por la ventana. ¿O no? Esa es, pues, la idea del autor a propósito de la desconectividad programada.

En su libro *Present Shock: When Everything Happens Now,* Rushkoff insiste en la idea de que en este tiempo que vivimos todo tiene que pasar ahora y aquí, lo que se podría llamar *presentismo,* de modo que el tiempo deja de fluir marcado por el tictac del reloj y el paso de las estaciones, como ha venido ocurriendo con el paso de los siglos, para presentarse a modo de *flicks,* como las imágenes con las que se configuran las películas de dibujos animados, a menudo con muchas de estas imágenes presentándose de manera simultánea en distintos recuadros de una misma pantalla. A este intento de dar sentido solo en tiempo presente y por medio de interconexiones el autor le llama *fractalnoia*.

En el prefacio, el autor lo ilustra con el siguiente ejemplo:

> (La joven) se encuentra en un bar del Upper East Side de Manhattan, pero parece ajena a la gente y a la música. En vez de implicarse con las personas que tiene alrededor, no hace más que comprobar los mensajes que de manera continua van apareciendo en la pantalla de su móvil, de amigos que están en otras fiestas en otros puntos de la ciudad. Ella necesita saber si el evento en el que está es en el que hay que estar, o si algo mejor está ocurriendo en ese mismo momento en otro lugar. En un momento dado, un nuevo *blip* en su pantalla llama su atención y unos segundos después se encuentra sentada en un taxi en dirección al East Village. Pronto llegará a una fiesta en apariencia idéntica a la anterior y decide que ese es el sitio «en el que hay que estar». A pesar de ello, en vez de disfrutar de la fiesta, enciende el teléfono, activa la cámara y comienza a tomar fotos de ella misma y sus amigos durante la siguiente hora y las va subiendo a la red de inmediato para que el mundo las vea al momento.

Además de la idea del *presentismo* o *present shock*, el autor introduce otros términos para tratar de definir el contexto en el que nos movemos y el peso de lo digital. *Digifrenia* es el término que usa para referirse a una patología digital o condición desordenada de la actividad mental propiciada por el entorno digital, tecnología que propicia el hecho de poder estar en más de un lugar simultáneamente. Contra la *digifrenia* hay quien deviene tecnofóbico o *neoludita*, que no es sino al que su fobia a la tecnología le hace oponerse al desarrollo tecnológico y científico de la sociedad moderna. De igual manera, la intolerancia al *presentismo* puede suscitar fantasías de grandes desenlaces propiciando el *apocalypto* o tendencia a la religiosidad apocalíptica.

¿Cuánto tiempo somos capaces de aguantar el pánico que nos genera una pantalla negra? Nicholas Carr, en su artículo *Patience Deficit*, recogido en el libro *What Should We Be Worried About,* cita datos proporcionados por Google y Microsoft: Empezamos a abandonar una página si tarda en cargarse más de 250 milisegundos —en 2006 eran cuatro segundos— y un video si tarda dos segundos en comenzar. Este último dato está documentado por un estudio de Shunmuga Krishnan y Ramesh Sitaraman (2012) con una base de datos de 23 millones de videos visionados por cerca de siete millones de personas, lo que nos convierte, ciertamente, en seres impacientes, pero sobre todo nos invita a hacernos una reflexión: ¿Cuál es la verdadera motivación que nos llevó a abrir tal página o a visionar tal video si solo somos capaces de darles tan magra oportunidad de materializarse? ¿Tan banales son nuestros intereses que solo resisten unos milisegundos antes de abandonarlos o sustituirlos por otros? ¿Qué expectativas de interés concedemos a los contenidos de un video al que no damos más de dos segundos para materializarse? Y, si eso ocurría en 2012, ¿cuál será el margen que damos ahora, unos años después, al ritmo de mejora de la velocidad en el tráfico de datos?

Si bien el «ahora y aquí» es el lugar en el que Rushkoff sitúa la tesis de su libro yo quiero destacar el «siempre», pues es este parámetro el que se relaciona de lleno con el tema de este ensayo. El móvil está siempre en nuestra mano, en nuestro bolsillo, encima de la mesa o de la mesilla de noche, siempre presto a brindarnos toda la comunicación posible y toda la información imaginable, lo que posibilita que podemos llenar «todo» el tiempo, convirtiendo a este en una amalgama de imágenes, a menudo simultáneas en vez de un relato lineal como acostumbraba. Y, por supuesto, la tensión entre el *faux present* del bombardeo digital y la realidad del ahora de una vida humana coherente genera desajustes emocionales en quien no lo tiene claro. Y en quien lo tiene, también, pero menos.

Se ha generado, por tanto, un panorama de hiperactividad cognitiva expresado en la necesidad acuciante de emitir y recibir mensajes continuamente ya sea vía Facebook, Twitter, WhatsApp o Instagram. Panorama en el que el mismo correo electrónico —que requiere de una cierta reflexión en la redacción y elaboración de sus mensajes— está quedando obsoleto por no respetar el sagrado precepto de la perentoria inmediatez y no permitir las abreviaturas como forma de expresión. ¿Quién tiene tiempo hoy para leer o (aún peor) para escribir algo que se parece a una carta?

El aburrimiento es un desconocido en las redes sociales. El Jubilado Martínez, haciendo gala de su espíritu inquisitivo e inquieto, se hizo miembro de una y se mantuvo activo durante un tiempo. En un alarde de sociabilidad sin precedentes, logró aceptar la amistad (y ser aceptado) por una sesentena de individuos, algunos de los cuales hacía tanto que no veía que tenía cierto pudor en llamar «amigos». Lo primero que le llamó la atención es que algunas de esas relaciones contaban con más de seiscientos «amigos» en su haber. Cómo conseguían recordar el nombre de todos ellos y ponerles una cara —si es que esto es necesario en este tipo de relación— es algo que maravillaba a Martínez, al tiempo que se preguntaba si en verdad se acordarían de quién era él. Además de esto, observó que:

1º.- Nadie parecía aburrirse. Nunca. Solo Martínez parecía experimentar de cuando en cuando dicha emoción, que se cuidaba muy bien de no airearla en la red por no mostrarse como un desgraciado. Los «otros» parecían llevar una vida rutilante y glamurosa de viajes, comilonas y festejos que exponían impúdicamente exhibiendo amplias sonrisas y gran expresión de felicidad. En todo momento.

2º.- Sus contactos parecían ser monologuistas a la búsqueda de cierta relevancia social, seres con aversión a pasar inadvertidos por el mundo, de modo y manera que había quien suplicaba el «me gusta» de los demás al modo en que los políticos solicitan el voto. Martínez podía predecir, casi con exactitud, qué iba a exponer cada cual, cada día, en la red. Y lo peor de todo es que sospechaba que los demás podían decir lo mismo de él. Cada uno, cuando no comía, bebía o viajaba con fruición, parecía sustentar un tema favorito, si no único. En unos casos era la propia «lucha» por su identidad sexual o de género, ética, estética, ideológica o la política de su partido, y en otros las excelencias del Barça y su supuesto don de convertir el fútbol en arte. Había quien, a diario, regalaba al mundo una o varias frases de autoayuda del estilo: «Busca la fuerza en tu interior» o «te ama más quién mejor te hace sentir» impresas sobre fondos de arcos iris, amaneceres en el Ganges y cosas así. Estaba también el de los gatos que mordisquean las orejas del indiferente doberman y el que, en su pertinaz empeño por hacer un mundo mejor, invitaba a sus contactos a la firma de cualquier cosa que estuviera al alcance de su teclado: hoy era la ayuda al niño de la enfermedad rara, mañana la prohibición de las carreras de caracoles por lesa crueldad contra los animales o el aumento de las pensiones y pasado mañana el apoyo a la candidatura del pasodoble al inventario del Patrimonio Inmaterial de la Humanidad de la Unesco. Para algunos cansinos, lo primordial era recomendar en la red «todo» lo que había leído en la prensa de su interés, mientras otros, simplemente, publicitaban su producto: lo que hacía su empresa, lo que habían escrito o lo que vendían. En definitiva, una serie de diálogos de sordos, monólogos predecibles y tediosos que no lograban sino hacer más aburrido, si cabe, el día de Martínez, motivo por el que, tras unos meses de prueba, imprecado por quienes le reprochaban su cicatería a la hora de otorgar sus «me gusta» y algo zaherido por su propia irrelevancia en la red, abandonó, descorazonado, la actividad en el espacio virtual.

La saturación informativa es apabullante y omnipresente dando lugar a lo que se conoce como *síndrome de la fatiga informativa* y lo curioso es que muchos no se dan cuenta de hasta qué punto colaboran en aumentar el nivel de «ruido» en los canales de difusión. Vean si no: la mayoría de nosotros formamos parte de varios grupos de mensajería en nuestros móviles. En cada chat recibimos diariamente una cantidad considerable de memes más o menos ocurrentes referidos a algún tema de actualidad. A menudo recibimos el mismo en varios chats o grupos diferentes que la gente acoge y distribuye sin ningún tipo de cortapisa. En principio, la idea es buena: encuentro algo gracioso y lo reproduzco entre mis círculos sociales para hacerles partícipes del hallazgo. El problema es que hay tantos chistes corriendo por la red — muchos de ellos repetidos— que hacen que cada vez más tipos de probado sentido común como Martínez han decidido no abrir ningún vídeo, venga de quien venga. Los dos o tres segundos que tarda en cargarse y los quince o veinte de duración, multiplicado por las decenas que el ciudadano medio puede llegar a recibir en un día hace que, o bien dediquemos una hora larga para verlos o permitimos que su visionado rellene todos los tiempos muertos de nuestro día con un *input* no buscado que nos priva de los ya escasos momentos para la reflexión y la creatividad.

Otro ejemplo de saturación: vayan de viaje o de excursión en grupo. Por momentos no sabrán si han salido a disfrutar, ver y conocer un paisaje o un país exótico y de paso tomar alguna foto de recuerdo o han ido con el deliberado propósito de hacer fotos. Si van en grupo, la acción fotográfica se magnifica. Todos los miembros toman más o menos las mismas instantáneas en los mismos lugares que después suben a un entorno digital creado para el grupo sin tener la cortesía de hacer una preselección de las imágenes. De este modo, nos encontramos con decenas de fotos mostrando a las mismas personas sujetando la Torre de Pisa, pinchándose el dedo con la aguja central del Taj Mahal o formando un sonriente grupo vestido de riguroso uniforme de multinacional francesa de productos deportivos frente a una anodina montaña exactamente igual a cualquier otra. La gratuidad de la instantánea (a diferencia de lo que ocurría cuando se revelaban las fotos) hace que no se tome una sino varias capturas en cada una de las poses y que «todos» los miembros del grupo, entusiastas fotógrafos todos ellos, suban «todas» las fotos, reproduciendo por decenas cada uno de los iconos del viaje y convirtiendo lo que podría ser un bonito recuerdo en ardua tarea de selección y elaboración del álbum. Es bien sabido que el aburrimiento se produce tanto por privación de estímulos como por sobreabundancia de ellos (saturación).

La foto del viaje o la excursión y el vídeo chistoso (meme) — iniciativas interesantes, en su origen— se convierten así en otra fuente más de tedio y ruido ambiental al modo de lo que Borges relata en su Biblioteca de Babel: aquella biblioteca inabarcable en la que, por contener todas las combinaciones posibles de un conjunto de signos de un alfabeto limitado, se convierte en algo inútil ya que contiene la verdad, la negación, la refutación de la verdad y la de la negación. En fin, una inutilidad.

La joven de Manhattan a la que nos referíamos a principio de este capítulo y que nos resulta tan reconocible —al igual que algunos de los contactos de Martínez— habría, quizá, ignorado la máxima del profesor italiano Nuccio Ordine, autor del lúcido ensayo *La utilidad de lo inútil*: «Uno es rico si tiene tres amigos, no 3.500». Habría también desoído la observación de cierto americano decimonónico, icono del conservacionismo y la vida salvaje, cuando escribió aquello de:

> Un hombre honrado pocas veces necesita contar más que sus diez dedos, o, en casos extremos, puede añadir los otros diez de los pies y comprar a bulto el resto. ¡Sencillez, sencillez, sencillez! Que tus asuntos sean dos o tres y no cien o mil; en lugar de un millón, cuenta media docena y lleva tus cuentas sobre la uña de tu pulgar.

Pero de este hombre que decidió construirse una cabaña en el bosque e irse a vivir allí una temporada de dos años y pico hablaremos con más detenimiento en el siguiente capítulo.

IV LA LLAMADA DE LA SELVA

Vivir quiero conmigo,

Gozar quiero del bien que debo al cielo,

a solas, sin testigo,

libre de amor, de celo,

de odio, de esperanzas, de recelo.

FRAY LUIS DE LEÓN. Oda a la vida retirada

Marque con una X:

A)   *A menudo sueño que vivo feliz en una isla desierta, en una cabaña junto a la playa y con la única compañía de un perro. Mi lema es «mejor solo que mal acompañado».*

B)   *No soporto la soledad ni el silencio. En cuanto entro en casa, si estoy solo, pongo la tele en el salón y la radio en la cocina.*

C)   *Las cabañas en las islas tropicales están bien, siempre que haya wifi por toda la isla y verbena por las noches junto a la playa.*

Douglas Rushkoff recomienda, con muy buen criterio, la desconexión del bombardeo digital unos minutos cada cierto tiempo; y el Jubilado Martínez —enemigo acérrimo de centros comerciales y otros lugares de mercadeo, por los que su señora muestra una enfermiza afición— gusta de retirarse diariamente un rato más largo que corto a una roca apartada de la playa en donde soporta los calores estivales a la orilla de un mar interior junto al Mediterráneo. Allí, luciendo su nuevo Meyba a medio muslo —regalo anual de su señora—, roba al ocaso unos minutos de paz y sosiego para, en soledad y silencio, tratar de poner en orden sus pensamientos.

Henry David Thoreau (1817-1862), más radical que Martínez en el campo de la reflexión en soledad y aún menos aficionado a los centros comerciales, explicaba así, a mediados del siglo XIX, su necesidad de retirarse al bosque para apartarse del ruido desordenado y estéril del mundo social, ya de por sí raquítico, de su natal Concord (Massachusetts):

> Fui a los bosques porque quería vivir deliberadamente, enfrentar solo los hechos de la vida y ver si podía aprender lo que ella tenía que enseñar. Quise vivir profundamente y desechar todo aquello que no fuera vida… Para no darme cuenta, en el momento de morir, que no había vivido.

Lo curioso de la declaración no es el hecho de querer ir al bosque en búsqueda de la paz, algo que hemos sentido casi todos con mayor o menor apremio en algún momento de nuestra vida. Lo que resulta notable es el argumentario: el hecho de hacerlo «…para no darme cuenta, en el momento de morir, que no había vivido». Toda una declaración de que es en la soledad autosuficiente del contacto pleno con la naturaleza y no la vida social y confortable donde habría de encontrar la plenitud de la vida y el antídoto al aburrimiento. De modo que se puso en marcha. Su amigo Emerson había comprado un terreno junto al lago Walden y allí construyó una pequeña cabaña y vivió dos años, dos meses y dos días en los que escribió su famosa obra *Walden, o la vida en los bosques*, que tan inspiradora ha resultado ser para tantas personas y movimientos naturalistas y/o contestatarios, sin excluir al movimiento hippie, del que Thoreau y su Walden fueron un referente. Thoreau no era un ermitaño, ni un místico. Aunque trataba de ser autosuficiente cultivando su huerto, recogiendo frutos silvestres y pescando, no renunciaba a acercarse al pueblo, que distaba solo a dos kilómetros y medio de su cabaña, para adquirir cualquier cosa que le hiciera falta, respetando, eso sí, la austeridad del que casi todo le sobra, pues, como él mismo decía, él era rico por lo frugal. Deseaba tan poco que le sobraba casi todo haciendo bueno el dicho de «no es más rico quien más tiene, sino quien menos necesita». El hecho de su retirada en el bosque tampoco significa que fuera hosco o huidizo. De hecho, le gustaba la conversación y la charla amigable con cualquier amigo que fuera a visitarle, con los indios o con los leñadores.

Con limitaciones, claro.

> En mi casa tenía tres sillas: una para la soledad, dos para la amistad, tres para la sociedad. Cuando de manera inesperada venía un gran número de visitantes, solo estaba la tercera silla para todos ellos, pero por lo general economizaban espacio quedándose de pie.

Hay que reconocer que el estadounidense no era el tipo adecuado para invitar a las internacionalmente famosas fiestas de la ciudad en la que Martínez pasa sus días, con sus espectáculos pirotécnicos y verbenas de miles de vatios en todas las esquinas hasta las tantas de la madrugada. Era, eso sí, según su biógrafo Henry Seidel Canby «... un hombre semejante a una roca por la solidez granítica de sus principios, a un roble por su reciedumbre inconmovible, a una flor silvestre por su sensibilidad y un halcón por los vuelos de su imaginación». Todo un amigo. Otros han sido menos halagadores con la figura del naturalista. Bill Bryson le llama pedante y cansino en su divertido libro *Un paseo por el bosque,* criticando la imprudente solvencia de quien pontifica sobre el mundo salvaje desde un rincón de la suburbial Concord

(Massachusetts) y la horrorizada desazón que le produjo el verdadero entorno salvaje (*wilderness*) en Mount Katahdin, en Maine.

Lo cierto es que David Thoreau es un icono no solo de periodistas de magazines veraniegos, naturalistas, conservacionistas, ecologistas y hippies sino de muchos otros personajes significados en la contestación social como Gandhi, Martin Luther King o el mismo Tolstoi por su otra obra importante: *Desobediencia civil*. No se casó, vivió solo, nunca fue a la iglesia, no votó, conoció la cárcel por negarse a pagar un impuesto estatal que consideraba injusto porque servía (según él) para financiar la guerra Estados Unidos-México sobre la que se manifestaba contrario, detestaba los convencionalismos sociales y sus servidumbres, la cháchara pseudointelectual, la cortesía europea de salón y, especialmente, la inglesa. Nunca poseyó un teléfono móvil —cosa probada, ya que vivió en el siglo XIX— y solo en una ocasión (en su Walden, al menos) confesó haber sentido algo parecido al aburrimiento debido a la falta de contacto humano. Fue a las pocas semanas de su voluntario aislamiento. Pronto, ese desasosiego fue relevado por el confort que le proporcionaban el murmullo del viento en las hojas, el arrullo del discurrir del arroyo y el trinar de los pájaros.

Quien tampoco tuvo nunca teléfono móvil fue el señor Cayo, personaje de la novela de Delibes *El disputado voto del señor Cayo*, por vivir en la época de la Transición española (cuando aún no existían móviles, pero sí espíritu de concordia) y por el hecho de ser, presumiblemente, un personaje de ficción. El señor Cayo es alcalde y uno de los tres habitantes de uno de los tantos pueblos semideshabitados de la España interior al que un político se acerca en busca del voto. Allí, en aquel poblacho retirado, el aspirante a diputado se relaciona con el señor Cayo, un hombre ya mayor que pertenece a un mundo aislado y primitivo, pegado a la tierra y conscientemente ajeno a todo lo demás. Producto de su relación con el viejo pueblerino, Delibes pone en boca del político, en compañía de su amigo Dani y una botella, una reflexión, que viene a ser el reconocimiento —a lo Thoreau— del valor de la vida sencilla y en contacto con el «aburrido» mundo natural:

> Ese tío sabe darse de comer, es su amo, no hay dependencia, ¿comprendes? Esa es la vida Dani, la vida de verdad y no la nuestra (…) Imagina, por un momento, que un día los dichosos americanos aciertan con una bomba como esa de neutrones que mata, pero no destruye, ¿no? Bueno, es una hipótesis, una bomba que matara a todo dios menos al señor Cayo y a mí, ¿te das cuenta? Es una hipótesis absurda, ya lo sé, pero funciona.

Pues bien, si eso ocurriera, yo tendría que ir corriendo a Corueña, arrodillarme ante el señor Cayo y suplicarle que me diera de comer, ¿comprendes? —casi sollozaba— el señor Cayo podría vivir sin Víctor, pero Víctor no podría vivir sin el señor Cayo. Entonces, ¿en virtud de qué razones le pido yo el voto a un hombre así, Dani?, ¿me lo quieres decir?

El retorno al medio natural no siempre significa un acceso a la felicidad y al sentimiento de realización en la vida de las personas —sobre todo de los urbanitas— que dan el salto al medio rural creyéndose capaces de prescindir de las «redundantes» amenidades de la civilización al tiempo que carecen de las habilidades manuales y emocionales necesarias para afrontar las soledades y la privación de estímulos y distracciones de la aldea. En el libro *La España vacía*, Sergio del Molino da cuenta de sus experiencias como reportero en las que explora los pueblos deshabitados, o casi, de Aragón y las inquietantes experiencias de hastío, recelos, odios, frustración, manías y miedo de tantos urbanitas que, huyendo de la gran ciudad, queman sus naves y gastan energías y recursos en la construcción o reforma de una casa en una aldea de veranos tórridos e inviernos helados. A kilómetros de cualquier cine, tienda o cualquier atisbo de vida social, en medio de la nada, a menudo se sienten atrapados en un caserón que ha consumido todos sus ahorros y del que no pueden huir porque nadie está dispuesto a pagar el dinero que han invertido en él.

Como paradigma de la perversión del fallido flirteo con el mundo rural, el autor rememora el triste suceso de Fago, localidad del Pirineo Aragonés en la que el asesinato de Miguel Grima, urbanita replantado y alcalde de la aislada aldea, tuvo en jaque a media España. Finalmente se descubrió que el asesinato había sido cometido por Santiago Mainar, otro urbanita de Zaragoza —como la víctima— y, en un principio, amigo del alcalde al que el aburrimiento de las soledades invernales podría haber magnificado los sentimientos negativos y pequeños agravios convirtiéndolos en insoportables ofensas. Del Molino —como Martínez, yo, y tú, lector— se pregunta si la existencia de un cine, una calle comercial a la que ir de tiendas o unos bares de tapas llenos de desenfadados ejemplares humanos en la cercanía habría logrado evitar el fatal desenlace.

En la novela *La lluvia amarilla* de Julio Llamazares, Andrés, el último habitante de Ainielle, un pueblo del Pirineo Aragonés, narra con desgarro y enorme melancolía sus últimos días en el lugar y describe la amargura que siente al ver como una tras otra, todas las casas van quedando vacías hasta quedar solos en el pueblo él y Sabina, su mujer. El suicidio de esta, incapaz de soportar las soledades de un pueblo de memorias y fantasmas, sin gente, lleva a su propio final. Andrés, relata el momento en que su cuerpo yaciente sobre su propia cama, invadido por el musgo y comido por los pájaros, habría de ser encontrado por algún grupo de excursionistas en busca de vestigios de tiempos pretéritos.

No hace mucho que Martínez se encontró, en la calle comercial más concurrida de la vibrante y luminosa ciudad en la que vive, a una mujer conocida de cierto pueblo del interior. Esta, viuda y con los hijos viviendo fuera, le confesó que su visita a la ciudad era simple y llanamente «para ver gente». Las soledades del invierno en un pueblo cada vez con menos población le producían aburrimiento y tristeza y de cuando en cuando venía a visitar a un familiar a la ciudad con el solo propósito de sentirse rodeada de otros seres humanos. Cuantos más, mejor. Confesó a Martínez que una de las visitas ineludibles en la ciudad era a esos grandes almacenes en los que hay tanta luz, tantos productos y tanta gente por todos lados. No importaba que no se propusiera comprar nada. La actividad de la colmena, la cercanía física de sus atareados iguales, actuaba de antídoto y estimulante contra el aletargado aburrimiento de las soledades rurales.

En otro capítulo expongo lo que podría considerarse la idea central de este libro: que la pasión es la vacuna contra el aburrimiento; la relación social, el trabajo y el deporte son el antibiótico; el espectáculo y la diversión constituyen la anestesia, y los juegos de mesa y los pasatiempos, el analgésico. Pues bien: la meditación, el retiro del mundanal ruido y el silencio constituyen, en mi opinión y en la de muchos otros que en el mundo han sido, las vitaminas reforzadoras del sistema inmunológico antitedio. Lo expuso con elegante determinación Fray Luis de León en su *Oda a la vida retirada*, lo experimentaron los místicos españoles con sus arrebatadores trances, lo argumentó Thoreau con el relato de su retiro en su *Walden* y lo corrobora, predica y ejercita gran parte de las filosofías y religiones orientales. Lo recomienda Rushkoff, con su invitación atemperada para gente digital, y lo suscribe el Jubilado Martínez que, desde que incorporó a su rutina vital la media hora matinal de meditación y silencio, ha visto mejorado su talante emocional hasta el punto de invitarle a rescatar aquella botella de Varon Dandy *Eau de Cologne* y el pañuelo de cuello con motas, artículos ambos semiolvidados en la profundidad del armario. Y todo gracias a la media horita de meditación matutina.

Pablo D'Ors es un escritor, filósofo y sacerdote católico. Atípico, si se me permite la opinión, pero sacerdote y católico. Y un enorme y decidido defensor de la meditación como vehículo de conocimiento. En 2014 fundó la asociación «Amigos del Desierto» inspirado por la figura del francés Charles de Foucauld, explorador de Marruecos y ermitaño, del que Pablo D'Ors se considera discípulo. El objetivo es fomentar y difundir el ejercicio de la contemplación en la vida del ser humano. Por iniciativa del Papa Francisco fue designado consejero del Pontificio Consejo de la Cultura. Escribió un libro de gran éxito y difusión en defensa de la meditación y el silencio con el título de *Biografía del silencio (Siruela, 2015)* que abría con una cita de Simone Weil, de la que se siente también su influencia, y en el que relata el beneficio del silencio, la meditación y la quietud como defensa contra el desasosiego que inevitablemente trae consigo la hiperestimulación y la dispersión de la vida moderna.

Hasta que decidí practicar la meditación con todo el rigor del que fuera capaz había tenido tantas experiencias a lo largo de mi vida que había llegado a un punto en que, sin temor a exagerar, puedo decir que no sabía bien ni quién era: había viajado a muchos países; había leído miles de libros; tenía una agenda con muchísimos contactos y me había enamorado de más mujeres de las que podía recordar.

La cantidad de experiencias y su intensidad solo sirve para aturdirnos. Vivir demasiadas experiencias suele ser perjudicial. No creo que el hombre esté hecho para la cantidad, sino para la calidad.

Hoy sé que conviene dejar de tener experiencias, sean del género que sean, y limitarse a vivir: dejar que la vida se exprese tal cual es, y no llenarla con los artificios de nuestros viajes o lecturas, relaciones o pasiones, espectáculos, entretenimientos, búsquedas… Todas nuestras experiencias suelen competir con la vida y logran, casi siempre, desplazarla e incluso anularla. La verdadera vida está detrás de lo que nosotros llamamos vida. No viajar, no leer, no hablar…: todo eso es mejor que su contrario para el descubrimiento de la luz y de la paz.

En la línea de Pascal, que opinaba que toda la desdicha humana proviene de la imposibilidad de algunos de quedarse tranquilos en una habitación, D'Ors ve la diversión y la distracción como maniobras dilatorias, obstáculos para el conocimiento del propio yo, verdadera solución al aburrimiento y la infelicidad. El autor, nieto del también escritor Eugenio D'Ors, observa: «Percibo en la gente de hoy un hambre muy grande de silencio… y a la vez, un verdadero pánico ante el silencio» y añade: «Escarbar es problemático. La meditación es un espejo y por lo tanto vemos lo que hay, y en general lo que hay no nos gusta».

La monja budista Kankyo Tannier abandonó su monasterio en Alsacia para irse a vivir al bosque y escribir *La magia del silencio* (Planeta) y Sylvain Tesson (otro francés) se autoexilió seis meses solo junto al lago Baikal y escribió su no menos exitosa obra *La vida simple*. ¿Qué tiene el silencio de poderoso y terrible que ha sido buscado en la historia de la humanidad por los ascetas y sabios que en el mundo han sido como estadio propicio al conocimiento y —paradójicamente— como fuente de sabiduría y vitamina contra el aburrimiento? Pero no solo corresponde a ascetas y santones barbudos hacer la apología del silencio.

Erling Kagge es un aventurero y autor noruego que ostenta la nada desdeñable proeza de ser el primer hombre en afrontar con éxito el desafío de los tres polos: el Polo Norte, el Polo Sur y el Everest. Todo un hombre de acción extrema. Al polo Sur llegó en 1993 tras una caminata en solitario de 1.310 kilómetros que completó en 52 días sin apoyo exterior ni comunicación alguna por radio, en los que no contactó con ningún otro ser vivo, ni humano ni animal. Es autor de cuatro libros de éxito: entre ellos *El silencio en la era del ruido* (Taurus, 2017). En el libro desarrolla la idea que otros como Pascal y Thoreau habían expresado antes y que había formulado siglos atrás un famoso cordobés muy anterior al gran Manuel Benítez, de nombre Séneca: que «muchos hombres existen, pero pocos viven». Y que —añade Kagge— «la vida es larga siempre y cuando nos escuchemos más a nosotros mismos y miremos al frente. Pero si vivimos entretenidos con los dispositivos, la televisión y pegados a otros la vida se hace corta».

No es de extrañar que Kagge, cuando ve que la vida se le escapa y el aburrimiento invade su alma, se «pierda» durante semanas en la espesura y soledad de los bosques noruegos en búsqueda de una experiencia mística de fusión con la naturaleza que Heiddeger había expresado con las palabras: «el mundo desaparece cuando te fundes con él». Claramente, cualquiera que sea la experiencia del noruego en sus silencios y soledades, siempre será más rica que el efecto de *brain hacking* producido por el distractor e inane bombardeo de memes y vídeos que el ciudadano Martínez, como cada uno de nosotros, recibe a diario en la mensajería instantánea de su teléfono y cuya lectura y visionado ocupan todos los tiempos muertos del día del ciudadano común, momentos que antaño se dedicaban a la regeneradora contemplación de las musarañas.

¿Y quién podría sospechar hace un tiempo que otro noruego (al fin y al cabo, solo suman algo más de cinco millones) habría de vender medio millón de ejemplares en 16 idiomas sobre un insólito tratado del arte de cortar madera en el que sugiere hasta cómo encontrar marido en la forma de apilar la leña? Lars Mytting lo hace en su *El libro de la madera. Una vida en los bosques* (Alfaguara) demostrando, una vez más la fascinación del público por la vida en el arrullador silencio del bosque.

Pocos eligen el camino del silencio en el intento de espantar el tedio estéril y crónico que a la larga deviene en vidas reguladas por el uso y abuso de ansiolíticos. Quizá lo haga solo un puñado de valientes y decididos. Por contra, esta vía ejerce una gran fascinación en el común de los mortales que eligen el camino del bombardeo informativo y el ruido ambiental para conducirse por el mundo. ¿Por qué, pues, son tan exitosos los libros sobre el retiro? ¿Se trata de admiración y reconocimiento a la valentía de los que juegan sin red y deciden mirarse a sí mismos aún a riesgo de que no les guste lo que ven?

Sue Hubbell, bióloga de formación y bibliotecaria de profesión, obtuvo un gran éxito internacional con su libro *Un año en los bosques*, en el que narra su vida en soledad como apicultora en las montañas Ozarks, Misuri, adonde fue a parar con su marido cuando la vida en sociedad se les antojó insustancial. Pronto fue abandonada por su cónyuge, incapaz de adaptarse a su nuevo medio, quizá abrumado por la soledad compartida, y allí quedó ella, afrontando la vida solitaria en el bosque y narrando con humor y crudeza asuntos de enjundia como la labor de las abejas, el canto de los coyotes junto al río, las costumbres de los innumerables "bichos" que amenizan sus días y sus cuitas con instrumentos esenciales para la supervivencia como la motosierra (proveedora de leña para el hogar) o la camioneta, hilo conductor con la civilización. Y hace las delicias de sus lectores, que siguen con interés sus bregas con el mundo hostil, sentados en sus cómodas butacas, como queda más que probado con el número de ventas de las múltiples ediciones de su libro.

¿Se aburre Tarzán? Parece ser que no. O así ha quedado fijado en el imaginario popular. Tarzán no se aburre, entre otras cosas, porque no tiene expectativas de realización personal. Para los seres naturales, la supervivencia, la procreación y sus (a menudo, agradables) servidumbres y la seguridad de sí mismo y de los suyos parecen ser argumentos suficientes para dar contenido a la existencia. El mito de Tarzán o del buen salvaje parece estar en el origen de las motivaciones que impulsan a quienes buscan en el retiro a las soledades del mundo natural la solución al aburrimiento y la infelicidad. Y eso porque otorgan al salvaje la indiscutida (que no indiscutible) superioridad moral de un alma sin pervertir por los hábitos sociales que hacen del sujeto alguien incontaminado, proveniente de un mundo sin jueces ni pesas y medidas y desconocedor de «lo tuyo» y «lo mío». Tarzán, huérfano de lores, es criado por unos monos próximos a los gorilas en un lugar de la selva africana, aprende francés e inglés (que es mucho más de lo que consiguen la mayoría de nuestros gobernantes) y entra en contacto con la civilización que finalmente rechaza para volver a la selva. El autor de la historia,

Edgar Rice Borroughs (1875- 1950), vio publicado su libro *Tarzán de los monos* en 1912 y su éxito fue tan fulgurante como duradero. Se calcula que se han vendido más de 600 millones de libros en 52 países, por no hablar de las versiones cinematográficas, historias gráficas y otras expresiones de artes plásticas y escénicas en prácticamente todas las lenguas y culturas. Damos por sentado que el autor era conocedor (por ser anterior) de la historia de Mowgli, el personaje de *El libro de la selva,* de Ruyard Kipling, y que le sirvió, sin duda, de inspiración. Mowgli vivía en la jungla, como Tarzán, en la que había crecido tras haber sido amamantado por una loba, como lo habían sido en su época Rómulo y Remo, los fundadores de Roma.

Curiosamente, los hallazgos reales de niños salvajes, cuyos casos más conocidos y documentados son los de Victor de Aveyron y Kaspar Hauser, han venido a deslucir las atractivas historias de los niños de los bosques literarios. Victor de Aveyron (1787-1828), niño salvaje encontrado en Francia —en la región de Aveyron (Languedoc)— a finales del siglo XVIII por unos cazadores, nunca aprendió a hablar ni se adaptó a la vida en sociedad, a pesar de los esfuerzos de educadores y tutores, y fue, supuestamente, desdichado desde el momento de su hallazgo e incluso antes. La historia de Kaspar Hauser (1812-1833) es diferente. Se sabe que creció confinado y completamente aislado en algún lugar, especulándose que podría haber sido hijo ilegítimo de Estefanía de Beauharnais (esposa de Carlos II de Baden) y del mismísimo Napoleón Bonaparte con el que se le atribuye un romance. Su historia de socialización tampoco fue, en absoluto, exitosa. En este caso, incluso la muerte fue desafortunada ya que murió de forma violenta con un tufillo de posible asesinato que trataría de ocultar, presuntamente, detalles de su nacimiento. La vida de ambos ha servido de argumento de películas y relatos novelados: el primero se convirtió en *L'Enfant Sauvage* de François Truffaut y el segundo en el drama *Kaspar*, de Peter Handke.

En la Francia revolucionaria, primero Voltaire y luego Roussseau en su *Emilio o De la educación* trataron el tema de la superioridad moral del salvaje. Y Tácito —mucho antes de que Rousseau argumentara las cualidades del buen salvaje— expresaba la superioridad moral de los bárbaros habitantes de los bosques de Germania sobre los sofisticados y mucho más avanzados romanos en su obra *Germania*:

> «Ellos viven muy virtuosamente y no conocen por su parte ni las seducciones de los espectáculos, ni la excitación de los banquetes. Hombres y mujeres por igual ignoran los secretos de la literatura". (XIX)

De nuevo, la idea de que la distracción, la diversión y la sofisticación intelectual no funcionan como antídoto al aburrimiento. O a la calidad moral del individuo. Y, refiriéndose a las nobles virtudes de los pueblos bárbaros centroeuropeos, añade:

> Entre ellos las buenas costumbres tienen una fuerza mayor que las buenas leyes en otras partes (XIX).

> Este pueblo, que no conoce ni la astucia, ni la malicia, revela aún mejor los secretos de su corazón en la libertad de la intención sin fines secundarios; de manera que el pensamiento de cada uno se revela en su integridad (...) Los Germanos ignoran la codicia de la ganancia y la usura: la actividad de la ganancia y del préstamo a interés les son desconocidas; y así están excluidos mejor que si fueran prohibidos (XXVI).

Casi, casi como el buen Tarzán. Ni maliciosos ni de colmillo retorcido ni codiciosos ni usureros. Por el contrario, nobles, claros y directos. Todo un alegato de superioridad moral de los primitivos bárbaros sobre los civilizados romanos, sometidos a las perfidias de la civilización. Y sin noticias de aburrimiento entre ellos.

V. YO ME ABURRO, TÚ TE ABURRES, EL MONJE SE ABURRE.

El aburrimiento te convierte en Sísifo. Subes tu piedra maldiciendo la subida, pero no consientes que nadie te la cambie por otra cosa. Quieres tu maldita piedra, con su mismo peso y su misma textura de granito. Achica los horizontes de una persona, limita su mundo, dale lo mismo cada día a la misma hora. En unos años rechazará todo lo que altere esa rutina que en verdad detesta, como se detesta a sí mismo.

SERGIO DEL MOLINO. *La mirada de los peces (2017)*

Cada vez que ponen en el telediario un fragmento del discurso de ese líder político que usted y yo sabemos: (Marque con X)

A) Constato que el corto mensaje (que se supone que es el punto álgido del argumento y que he escuchado cien veces antes) me aburre. Me espanta lo que puede ser el discurso completo.

B) Me admiro al ver que las primeras filas están ocupadas por sus compañeros de partido, que han escuchado la letanía muchas más veces que yo y me compadezco de ellos. Admiro en ellos su heroica resistencia al bostezo.

C) Envidio al auditorio y lamento no estar invitado a asistir a esas bacanales verborreicas del amado líder.

El Jubilado Martínez había mostrado un carácter díscolo durante su ya lejana infancia y había experimentado todo tipo de castigos que se perpetraban en su anticuada época escolar, entre ellos, el de cara a la pared. Cuando en el colegio o en casa uno se portaba mal, uno de los castigos que se imponían era ese. No conllevaba violencia explícita, privaba al chico de seguir armando bulla (y al resto de soportarla) y solía conseguir «enfriar» el estado de ánimo del revoltoso rapaz invitándole a pasar un rato de reflexión y aburrimiento. Se trataba de una especie de *chill out* forzado. Una de las formas más comunes y genuinamente puras de aburrimiento es la de la privación sensorial, que, en su caso extremo, y aplicada a la fuerza, se convierte en tortura. La reclusión del individuo en una sala oscura, sin ruido alguno ni olor ni nada que tocar es un pasadizo a la locura por aburrimiento. En condiciones de reclusión, como Guantánamo, a los presos se los somete a tortura vendándoles los ojos y poniéndoles tapones en las orejas y guantes pesados para privarlos de oído, vista y tacto. Nuestros sentidos están preparados para recibir estímulos y mandarlos al cerebro continuamente e interactuar con el medio. Obviamente, el popular «cara a la pared» de la época infantil de Martínez era una versión atenuada del temible castigo de la anulación total de los sentidos, pero quería significar el castigo por aburrimiento. «Más aburrido que una ostra» es la versión popular del tedio por privación sensorial, dado lo limitado del entorno del sabroso molusco. El aislamiento por anulación de los sentidos constituye una forma genuina y objetiva del aburrimiento, pero ni de lejos es la más común.

La privación del estímulo viene a ser algo generalmente impuesto: como castigo implantado por un poder o fuerza superior o por las circunstancias, como es el caso de las estancias hospitalarias, las situaciones de confinamiento provocadas por el trabajo o el servicio militar obligatorio.

El funcionario de prisiones Ortega Lara estuvo en cautividad a manos de ETA durante 532 días en un espacio minúsculo, húmedo, privado de luz natural e iluminado por una sola bombilla en el que solo podía dar dos o tres pasos, con el acceso racionado a lectura de diarios, radio, etc., con lo que las condiciones para que se produjera el aburrimiento eran enormes. Pese a ello, pese al sufrimiento, la desesperación y la melancolía que ese hombre sufrió en su confinamiento, la tenue e incierta esperanza de poder ver algún día a su familia y a sus amigos a la luz del día fueron capaces de neutralizar el inmenso aburrimiento de días y días sin nada que hacer: ni pasear ni cocinar ni trabajar y ni tan siquiera hablar, comunicar con sus semejantes, aparte de las ocasionales y cortas charlas con sus verdugos. Sin embargo, no recuerdo haberle oído hablar de aburrimiento tras su liberación. ¿Cómo se explica pues, el ingente número de personas que dicen sentirse aburridas en el ejercicio de su libertad, en contacto permanente con familia y amigos y con acceso ilimitado a radio, televisión, prensa, cines, bares, restaurantes, tiendas y espectáculos? Tendremos que convenir, pues, que el aburrimiento no es sino una sensación, una emoción, una cualidad subjetiva y que, como la felicidad, la melancolía o la tristeza mórbida depende de nuestra disposición, naturaleza y eficacia a la hora de administrar los antídotos adecuados. Hay pues, causas extrínsecas (que nos vienen impuestas desde el exterior) e intrínsecas (que salen de nuestro interior y que son las más comunes)

El filósofo, ensayista y profesor francés Alain (pseudónimo de Émile-Auguste Chartier, 1868-1951) dio en el clavo cuando dijo que «el aburrimiento es lo que queda de los pensamientos cuando las pasiones son eliminadas de ellos». Y es que, en efecto, no hay antídoto más potente contra el aburrimiento que la pasión. El sentimiento vehemente, capaz de dominar la voluntad y dominar la razón —que es como el diccionario define la pasión— excluye totalmente el aburrimiento. ¿Quién ha confesado alguna vez estar aburrido al tiempo que ama, odia, o siente celos de manera intensa? El filósofo José Antonio Marina confiesa sentirse intrigado por el aburrimiento, ya que se trata de «el malestar que se siente cuando uno no se siente desdichado. Quien sufre no está aburrido. Está sufriendo. Aburrimiento es el sentimiento de no estar recibiendo un nivel adecuado de estimulación». ¿Quién podría pensar en el aburrimiento en la sala de espera del dentista del siglo XVI, época anterior a la anestesia? ¿O en la sala habilitada como hospital de los cirujanos napoleónicos cosiendo heridas y practicando amputaciones tras una batalla?

El tema del sufrimiento amoroso y su efecto como supresor del aburrimiento, ha sido tratado de manera insistente por los poetas. Y ya se sabe que en estos temas son ellos y no los gurús de la autoayuda, los psicoanalistas ni los columnistas del *magazine* del domingo de su periódico quienes, con sus delicadas elipsis, metáforas, analogías y especial sensibilidad, poseen la condición de expresarlo con mayor convicción. Como Antonio Machado:

> «En el corazón tenía // la espina de una pasión; // logré arrancármela un día: // ya no siento el corazón». (...) «Aguda espina dorada, // quién te pudiera sentir // en el corazón clavada».

La idea del sufrimiento infligido por la pasión amorosa malograda, sin embargo, no era nueva. Machado publicó su conocido poema en la revista Ateneo, en 1906, veintiséis años después de que Rosalía de Castro hubiera publicado su poemario en lengua gallega *Follas novas*, en el que incluía un delicioso poema que, en castellano, dice así:

Una vez tuve un clavo // clavado en el corazón, // y yo no me acuerdo ya si era aquel clavo // de oro, de hierro o de amor. // Solo sé que me hizo un mal tan hondo, // que tanto me atormentó, (…) «Señor, que todo lo puedes // —pedile una vez a Dios—, // dame valor para arrancar de un golpe // clavo de tal condición». // Y diómelo Dios, arranquelo. // Pero… ¿quién pensara? Después // ya no sentí más tormentos // ni supe qué era dolor; // supe solo que no sé qué faltaba // en donde el clavo faltó.

Y ambos, con toda seguridad, eran conocedores de las *Rimas y Leyendas* del sevillano Bécquer, poeta favorito de los adolescentes y muy admirado por Machado al que otorgaba el estatus de «poeta lírico. Sin retórica». Entre sus rimas, incluye:

Como se arranca el hierro de una herida // su amor de las entrañas me arranqué, // aunque sentí al hacerlo que la vida // me arrancaba con él.

Todos ellos se refieren no solo al sufrimiento que el amor malogrado (el que huele como las almendras amargas, según García Márquez) ejerce sobre el alma, sino el vacío, el aburrimiento que deja en el alma la herida cauterizada de la pérfida «curación» de la pasión.

Hay quien opina que el tedio es cosa moderna. De hecho, en inglés la palabra *boredom* no aparece hasta 1853, según el diccionario Merriam-Webster, y siempre se atribuía la aflicción a los ricos y poderosos. El aburrimiento antiguo era la persistencia de la fatiga, en tanto que el moderno es la de la (curiosamente) satisfacción. En la tradición literaria, en los cuentos y leyendas de tradición escrita y oral, el tedio es privilegio del poderoso, del rico. Es cosa de princesas y de reyes que precisaban de la compañía de bufones y músicos para que rellenaran, con sus artes, esa cantidad ingente de tiempo que caía sobre sus vidas en toda su pureza, en todo su repetitivo, superfluo, monótono e implacable esplendor. Los campesinos no conocían el aburrimiento. Al menos en la tradición literaria. ¿Aburrimiento? Había que arreglar y dar de comer a los animales, cultivar los campos, reparar el utillaje agrícola, cortar y apilar la leña que habría de calentar la casa en invierno y cocinar los alimentos, Había que hacer las reparaciones pertinentes en la casa o la choza, había que lavar la ropa, limpiar la casa, coser, zurcir y si quedaba algún minuto del día, se empezaba a tejer ese jersey que habría de servir al nieto para estrenar el próximo invierno. El tiempo estaba dedicado exclusivamente a la subsistencia y a la parte recreativa de la procreación y no había, por tanto, tiempo para el aburrimiento. Tampoco para el ocio, que era tan escaso que, en ese tiempo no tan lejano, se resumía a la misa la mañana del domingo seguido de una tarde en el café para ellos o en casa de la vecina jugando a las cartas o simplemente merendando para ellas.

De entre todas las taxonomías del aburrimiento, quizá la más aceptada es la de Martin Doehlemann. Este distingue cuatro clases de aburrimiento, que a menudo se solapan:

El *situacional*, que es el que se experimenta cuando se está esperando a alguien, asistiendo a un largo oficio religioso, escuchando la conferencia o el mitin de un plasta —digamos, cualquiera de nuestros políticos— o, como el mismo autor ilustra, el de ver como se seca la pintura. Un antídoto clásico contra esta clase de aburrimiento es el pasatiempo, palabra, por otra parte, bien expresiva: el tiempo deja de ser un horizonte de posibilidades para convertirse en algo que hay que «pasar» de la manera más leve e inadvertida posible, razón por la que Martínez se provee de abundantes crucigramas del ocurrente Mambrino para los tediosos viajes en tren y en avión.

El aburrimiento por *saturación*, que es el resultado de tener demasiado de algo, expresado de manera sucinta en castellano con aquello de «lo poco agrada y lo mucho cansa».

El *creativo*, que nos moviliza a la acción y se caracteriza, por tanto, más por los efectos que produce que por su propia naturaleza, aunque dudo de que fuera esta circunstancia lo que sustentaba la idea de Heiddeger sobre el particular cuando apuntó aquello de que «el aburrimiento es un estado de ánimo privilegiado, ya que nos conduce directamente al nudo del problema del tiempo y del ser».

Y, finalmente, el padre de todos los aburrimientos: el *existencial*, que se caracteriza por la incapacidad de ver el interés de las cosas, no solo de las cosas que hacemos sino de «todas» las cosas y supone un vacío —no de eventos, puesto que estos siguen ocurriendo, aunque sea solo el vuelo de la mosca— sino de sentido.

A esta clasificación habría que añadir el que yo llamo aburrimiento por *(des)ubicación* o *desplazamiento,* que el psicólogo alemán no ha considerado, quizá, por solaparse en parte con el *existencial* y en parte con el *situacional.* Se trata del que experimenta aquel que se siente aburrido por un condicionamiento social o de pertenencia a un grupo o lugar al que no se siente vinculado. Lo experimenta el que vive en un medio rural, lugar en el que nunca ocurre nada, y cree que la verdadera vida ocurre en la gran ciudad. Se da también entre quienes viven la situación contraria: el que, viviendo en la gran ciudad, está convencido de que la soledad y la tranquilidad del campo es el lugar idóneo para ser feliz. O el que cree que es en el ajetreo de Nueva York o en la suave brisa de una isla tropical, y no en el anodino barrio obrero de la anodina ciudad en la que vive, donde se encuentra la cura para su tedio. Pero no solo la geografía marca esta desafiliación. A veces, el grupo social, los amigos, la familia de origen y el entorno más próximo pueden ser los involuntarios culpables del tedio. Es la sensación de que todo lo interesante, divertido, excitante y que vale la pena vivir ocurre fuera del alcance de uno: en otra ciudad, en otros círculos en donde la gente viaja a menudo, posee yates y pasa temporadas con amigos en alta mar y calas de moda, entornos en los que todo el mundo es divertido, ocurrente, culto, imaginativo y hasta bello. De ahí la afición de tantas personas al papel cuché, especialista en mostrar un mundo idealizado de casas de ensueño y vidas de continuo jolgorio y mucho glamur, salpicado de alguna que otra noticia luctuosa de enfermedades, óbitos, bancarrotas y otras desgracias que, como contrapunto, sirven para dar credibilidad a la perpetua jarana y, de paso, añadir algo de morbo.

El aburrimiento puede sobrevenir como producto de una disociación entre el deseo y los hechos, es decir, cuando no podemos hacer aquello que querríamos hacer (como le sucede al niño que ponen cara a la pared y le privan de divertirse con sus compañeros) o cuando tenemos que hacer aquello que no queremos (el copiado de 300 veces «me portaré bien en clase»). Pero el peor de todos es el que sobreviene porque no tenemos ni idea de lo que queremos hacer, cuando desaparece el deseo asociado a la acción y nos sentimos aburridos de las cosas (síntoma endémico de la sociedad de consumo) y de las personas, de los demás y hasta de nosotros mismos. En definitiva, al que se refiere Pessoa en el fragmento de su *Livro do desassossego,* al que volveré en un capítulo posterior.

Uno de los atractivos estrella del Imperial War Museum de Londres, según la propia experiencia del Jubilado Martínez —que lo recorrió en su día con interés—, es el impresionante interior de un bombardero Lancaster de los que la RAF usó en la II Guerra Mundial para arrasar Alemania. Los tripulantes de la RAF han recibido los elogios y reconocimiento como salvadores del fascismo de parte de todos siguiendo la loa de Churchill de que «nunca en el campo de los conflictos humanos, tantos debieron tanto a tan pocos». La acción de los bombarderos (*Bomber Command*), sin embargo, ha sido cuestionada y deliberadamente arrinconada, cuando no frontalmente reprobada por muchos, dada su acción devastadora contra la sociedad civil de Alemania. Se calcula que los británicos lanzaron 1.300.000 toneladas de bombas sobre territorio continental matando a unos 650.000 civiles y dejando sin casa a unos 7.5 millones de ciudadanos alemanes. Los escalofriantes datos invitan poco al alborozo y al agasajo de la raza humana, menos aún si se consideran las bajas de las tripulaciones de los bombarderos. Las defensas antiaéreas alemanas y los cazas de la Luftwaffe derribaban, aproximadamente, un 3.3% de los aviones en cada misión, y los tripulantes debían cumplimentar 30 misiones hasta ser dados de alta, con lo que las probabilidades de morir, si se completaba el ciclo, venían a ser cercanas al 100%, fatalidad de la que solo se podía escapar por el hecho de que algunos desdichados caían en sus primeras misiones, aliviando así la estadística. Los británicos perdieron 55.537 hombres entre pilotos, navegantes, artilleros y mecánicos en las misiones de bombardeo. Uno de los supervivientes, Frank Musgrove, catedrático de sociología y pedagogía en algunas universidades británicas, es autor del libro *Dresden and the Heavy Bombers (2005)* en el que detalla ciertos aspectos de su experiencia en 30 misiones como navegante de bombardero sobre Alemania. Los bombardeos eran nocturnos, lo que exigía largas horas de vuelo desde la base de East Anglia hasta llegar al objetivo. A oscuras y con frío, cada uno en su puesto, el tedio era brutal. Hasta que, de súbito, ante la proximidad del objetivo, llegaban los focos y las explosiones de las defensas antiaéreas y, en muchos casos, el ataque de los cazas alemanes, con lo que el aburrimiento se convertía en puro terror. Después, la acción: en unos minutos se lanzaban las bombas, se intentaba burlar las defensas y se volvía a la base en largas y tediosas horas de vuelo nocturno en absoluta oscuridad, como medida de protección. Y a contar las bajas. A ver cuantas caras de compañeros había que empezar a olvidar en beneficio de la propia salud mental. Y en eso se resumía la vida del piloto, del navegante, del radioperador, del artillero y del mecánico del bombardero. A eso se resume la vida del soldado en el campo de batalla desde que algún maldito inventó la guerra: a largas horas de aburrimiento seguidas de unos minutos de terror.

Pero no es esa la apreciación que, *a priori*, se tiene de las amenidades de la guerra. Los inicios de los conflictos suelen ser vividos con grandes explosiones de euforia. Mayores cuanto más grande y mortífera es la contienda, como bien relataron Stefan Zweig, Ernst Jünger o el poeta Rupert Brooke, que acuñó la frase: «Gracias a Dios, por habernos hecho vivir esta época», refiriéndose al clima festivo y de vehemente entusiasmo con que se recibió la noticia del estallido de la I Guerra Mundial, la Gran Guerra, que tantas miserias habría de traer. Era —según los cronistas de la época— como si la gente se viera liberada por fin del tedio de la cotidianidad, embriagada por la ilusión de las grandes palabras como heroísmo y patria. Pronto, sin embargo, la guerra de trincheras se convirtió en un infierno de enfermedad, frío, muerte, desesperación y tedio. Tedio durante horas, días, semanas y meses de inacción que se alternaban, como en el caso de los aviadores británicos, con minutos de terror. Ruyard Kipling, el escritor del Imperio Británico, a pesar de su manifiesto supremacismo (cultural) británico, fue uno de los primeros desencantados de esa guerra. Y eso, por la contundente y altamente persuasiva vía de los hechos consumados. Su único hijo varón, alistado voluntario a los dieciocho años, murió en la primera acción en la que tomó parte. El desengaño del escritor le hizo escribir la frase: «Si alguien pregunta por qué morimos // decidle que porque nuestros padres nos mintieron».

El mundo religioso cristiano ha sido siempre poco propenso a correr tan grandes riesgos. Aun así, reconoció el peligro y abominó desde el principio del mal del tedio existencial asignándole el nombre de «acedia» para nombrar a un estado de ánimo de atonía y desinterés que amenazaba la vida de los monjes y otros ascetas que llevaban una vida aislada, silenciosa y solitaria y que se manifestaba por una inapetencia y desinterés hacia la oración y la vida. Bien reconocida por Tomás de Aquino, en su *Suma Teológica,* describe los síntomas de lo que también se conoce como el «demonio del mediodía», o la sexta hora, periodo en que el que el monje miraba al cielo y, viendo el sol en su zénit, tenía la impresión de la inmovilidad del tiempo. Para Tomás de Aquino y otros padres de la Iglesia la acedia o tedio vital es un pecado mortal e integra la lista de los pecados capitales con el nombre de pereza (que no es, precisamente, ese agradable sentimiento de quedarse una horita más en la cama la mañana del sábado), constituyéndose en el más metafísico de los pecados capitales.

Es obvio que el demonio de la acedia habita las cuevas de los ascetas, los muros de los monasterios medievales y quién sabe si también de los actuales. El Padre de la Iglesia Juan Casiano, sacerdote y asceta, describe los síntomas:

> (El monje) parece ansioso yendo de acá para allá, y se lamenta de que ningún hermano viene a verlo, y entra y sale a menudo de su celda, y mira al sol una y otra vez, como si este se desplazara demasiado lento en su camino al ocaso y una especie de confusión mental irracional toma posesión de él como un sombrío velo.

La Regla Benedictina del *ora et labora,* que tanta atención prestó a la regulación del horario y el aprovechamiento de la luz solar, alude al pecado de los monjes y protege a la comunidad como puede del que presenta los síntomas, para evitar el contagio de tan dañina ofensa a Dios: «Será reprendido una y otra vez. Si no se corrige, será sometido al castigo reglamentario para que haga surgir el miedo en los otros». El castigo reglamentario era, según la Regla, el castigo físico severo.

San Benito de Nursia era, sin haber ido siquiera a Harvard o algún otro templo de peregrinación de los actuales gurús, un gran psicólogo. Y para combatir la acedia —el pecaminoso aburrimiento en el monasterio— diseñó un exitoso sistema: la Regla Benedictina, aún vigente en centenares de monasterios concebidos como autárquicos —es decir, autosuficientes— de ritos católicos, anglicanos y luteranos, repartidos por todo el mundo.

En primer lugar, otorga gran importancia al trabajo manual *(labora)*, algo inédito en la época de Benito, en la que el trabajo físico se consideraba degradante y propio de siervos y gentes bajas: «La ociosidad es enemiga del alma. Los hermanos deberían participar en unos momentos concretos en el trabajo manual y en otros momentos concretos en la lectura de la palabra de Dios». De este modo, asegurándose de que el monje se mantuviera ocupado experimentando los beneficios del trabajo y del ejercicio físico, el fundador y, en gran medida, diseñador de la orden, había medio ganado la batalla.

Pero no del todo. Con la práctica reglada de la oración terminó de diseñar un eficacísimo programa de «terapia ocupacional». La liturgia de las horas establecía siete momentos de oración que pueden ser ampliados a nueve; de ellos, los Maitines, los Laudes y las Vísperas son consideradas horas mayores y los monjes se debían reunir en la iglesia del convento para hacer juntos la oración. En las horas Prima, Tercia, Sexta y Nona, consideradas horas menores, los integrantes debían interrumpir su labor y, sin necesidad de acudir a la iglesia, dedicarse en privado a sus rezos. En definitiva, la cadencia de las plegarias marcaba de manera rígida la rutina monacal. Los cánticos y la repetición de las fórmulas litúrgicas mántricas ayudaban a ahuyentar la amenaza de la temida acedia contra la que, como he señalado antes, había previstas medidas coercitivas en caso de fallo del programa.

En fin, trabajen la huerta, el taller de licores, la cocina o el almacén del monasterio a diario, reúnanse en oración tres veces al día en compañía de los otros miembros de la comunidad con gran algarada de cánticos y elaborada escenografía, recójanse en oración por su cuenta (ejercicio de meditación) otras cuatro veces, coman en el refectorio tres veces cada jornada, duerman unas horas y verán qué poca opción le dejan al aburrimiento. Aunque no dispongan de Netflix en la celda.

Está claro que la lucha contra la acedia o demonio del mediodía era una gran preocupación para los Padres de la Iglesia que la Orden Benedictina atajó de manera bastante exitosa con el establecimiento de sus rutinas de cánticos y rezos, su trabajo manual y sus severos castigos en casos extremos. Quizá solo les faltó a los benedictinos incluir una pequeña ceremonia a la mitad del día. Como la filosofía popular sabe y el Jubilado Martínez conoce perfectamente de manera tanto racional como empírica, la mejor forma de combatir el demonio del mediodía es echando una siesta. Breve y ligera, según la preferencia de algunos como Dalí —que confesaba hacerla con un llavero en la mano que caía sobre un plato despertándole en caso de sueño profundo— o de pijama, padrenuestro y orinal para otros (al estilo Cela), entre los que se incluye Martínez. Los beneficios físicos y mentales de tan delicioso yoga son espectaculares. La misma palabra, siesta, proviene de la hora «sexta» romana que se corresponde con el mediodía (las dos, en la actualidad), momento en el que el sentido común invita al almuerzo y al descanso posterior facilitado por el hecho de la huida de la sangre hacia el aparato digestivo. Tras lo cual, el cuerpo y el alma del hombre y la mujer meridional, e incluso del nórdico —tras un corto pero intenso entrenamiento al sol mediterráneo— se sienten de nuevo ligeros y preparados para seguir buscando, y hasta encontrando, el sentido de la vida. Y nuevas energías para seguir orando, si así se quiere.

El aburrimiento situacional es el más expresivo y a menudo se asocia con acciones físicas corporales tales como el desperezarse o bostezar y puede evolucionar en creativo: me aburro, me desperezo, bostezo y, o bien me arrellano en el sofá y me dejo arrullar por el sonido de Radio Clásica y acaba siendo un rato entrañable y placentero, o bien, tras el bostezo, salto y me pongo a hacer cualquier tarea pendiente, ya sea creativa, como es el hecho de escribir otra página o rutinaria como esa sesión de plancha pendiente. El aburrimiento existencial no está tan asociado a las expresiones físicas sino metafísicas y el desenlace es siempre menos placentero y creativo, pues no lo asociamos a la situación sino al mundo, al propósito de la propia vida, al sentido de la propia existencia. Lo que diferencia al tedio existencial del situacional es que, mientras en este último hay una añoranza de algo que se desea, en el primero es el propio deseo lo que se añora.

VI. FILOSOFÍA DEL ABURRIMIENTO

"Trois heures du matin. Je perçois cette second, et puis cette autre, je fais le bilan de chaque minute. Pourquoi tout cela? Parce que je suis né."

"Las tres de la mañana. Percibo este segundo y luego este también, hago el recuento de cada minuto. ¿Y por qué de todo esto? Porque nací.

EMILE CIORAN

De las siguientes actividades, marque con una X la que haya ocupado más tiempo en sus tardes de aburrida languidez:

A) *La observación del vuelo de la mosca.*

B) *La atenta contemplación del proceso de secado de la pintura húmeda sobre la pared.*

C) *El pormenorizado análisis del movimiento del minutero del reloj.*

D) *La relajada vigilancia del crecimiento de la hierba del jardín.*

Pascal fue muy crítico con la práctica del entretenimiento o la diversión como solución al aburrimiento, ya que, según el filósofo y matemático francés, es lo que nos aparta de la verdadera solución: «Lo único que nos consuela de las miserias es la diversión, que, no obstante, es la mayor de nuestras miserias, ya que es ella la que nos impide pensar en nosotros y nos hace degenerar insensiblemente. Sin la diversión, nos sentiríamos descontentos, y el descontento nos impelería a buscar un medio más sólido de salir de él. Pero la diversión nos entretiene y nos conduce insensiblemente hacia la muerte». Pues sí, señor Pascal: la diversión nos conduce irremediablemente hacia la muerte, lo mismo que la confesión, el gin-tonic, el viaje en tren y cada una de las jornadas de la Liga. ¿Me puede decir lo que «no» nos conduce de manera inexorable hacia la muerte? ¿Respirar quizá? ¿Es que no es cierto que cada vez que respiramos estamos algo más lejos del nacimiento y más cerca del final de los días? Esto siempre ha estado muy presente en la filosofía de Martínez: cada partida de dominó que uno juega es una menos que queda hasta la última de todas, ¡que Dios demore lo justo! Lo cierto es que la negación de la diversión no es sino otra de las expresiones del eterno pesimismo de un filósofo que fue un asceta enfermo, siempre aquejado de dolores en las piernas e incapaz de sentir verdadera pasión y que, según Huxley, a diferencia de Nietzsche, habría usado sus dolencias como indicios del poco valor de la vida terrenal. De ahí la famosa afirmación pascaliana: «Toda la infelicidad de los hombres procede de una sola cosa, que consiste en que no sabemos quedarnos tranquilos en una habitación». Un poco exagerado, este Pascal y, sobre todo, inexacto si no directamente falso: ¿O cabría atribuir al aburrimiento la desafortunada idea hitleriana de invadir Polonia y de iniciar el holocausto? Creo, sinceramente, que estaríamos en un caso de magnificación del poder del bostezo y el desperezo. No es para tanto.

En términos evolutivos, el aburrimiento tiene una explicación manifiesta. Si todos los instintos, los impulsos y las emociones han evolucionado (según las leyes darwinianas) para satisfacer las demandas selectivas básicas —la supervivencia y la reproducción—, el tedio también lo ha hecho, actuando como alarma para decirnos: «¡Eh! ¿Qué estás haciendo ahí mirando la pared de la cueva en vez de estar buscando una pareja robusta y bien plantada con la que ejercer los entretenidos prolegómenos de la procreación, o un mamut para cazar y alimentarte tú y los tuyos?»

Hoy en día las actuaciones para satisfacer los parámetros de supervivencia y reproducción han cambiado enormemente. La esperanza de vida del ser humano hace un siglo en Europa era de 40 años, el tiempo justo para aprender a sobrevivir y, con suerte, completar el objetivo de la reproducción y llevar a la prole a la autosuficiencia. Hoy, en mi país, la esperanza de vida es de 83 años, la más alta del mundo, por detrás de Japón y ligeramente por delante de Francia e Italia. Un éxito rotundo de confluencia de factores como: el estatus socioeconómico, el modo de vida, el clima y un eficaz sistema sanitario. Y la mayor parte de mis compatriotas tienen garantizada la subsistencia por medio de un salario fijo o pensión. Sí, es cierto. Hay quien no la tiene tan asegurada, o no de manera suficientemente holgada, pero aún para esos, para los que la vida les ha situado en un lugar por debajo del nivel de la pobreza, el estado del bienestar y las instituciones de socorro al desamparado les proveen con recursos que les garantiza —al menos— techo, ropa y plato.

En cuanto a la reproducción… ¡qué quieren que les diga! Para muchos de mis paisanos, algunos aún en edad de merecer, los amenos preliminares de la reproducción, con la enorme inversión de recursos físicos y emocionales que conllevan (búsqueda de pareja, cortejo…), queda tan lejos, que muchos lo relegan al campo de las ensoñaciones. Unos por lo remoto (como cosa del pasado), otros porque sus activos evolutivos son tan poco llamativos que el mercadeo del galanteo no les da opción ni a los descartes y otros por egoísmo, inapetencia, desubicación o simple convicción de que la cosa no va con ellos. Lo cierto es que la reproducción, sus afanes y servidumbres, quedan descartados de sus proyectos de vida.

La compleción generalizada de estos instintos, pues, dejan al hombre y la mujer de hoy con un enorme espacio vacío en el campo de los impulsos y las emociones difícilmente rellenable con clases de inglés, de taichí, de pilates o sesiones de spa. Teniendo garantizada la comida en la mesa y descartados los esfuerzos del mariposeo por inútiles o improcedentes, ¿qué queda? Las estructuras emocionales de las personas no han cambiado, con lo que, emociones como el miedo a la fiera, a la oscuridad de la noche, la incertidumbre de la asequibilidad de la comida y el dolor por la pérdida de seres queridos en las escaramuzas guerreras o de caza se ven neutralizadas por la seguridad de un mundo en el que la luz eléctrica convierte la noche en día, los supermercados están permanentemente abiertos, bien aprovisionados y asequibles con la Visa; las fieras en jaulas o libres en lugares remotos y los enemigos peligrosos, confinados a buen recaudo en las prisiones por la policía y el sistema judicial. Cómodos y seguros, pero aburridos.

Martínez es un hombre de mundo y en su larga vida ha viajado lo suyo. También a los países escandinavos, llenos de gentes, como todos los demás, con virtudes y defectos. La virtud más apreciada en ellos por Martínez es, sin duda, el desapego hacia la ostentación: del lujo, de la riqueza, de la inteligencia y de la virtud. Los escandinavos, gentes poco dadas a las algaradas y a las manifestaciones hiperbólicas de los sentimientos, tienen la reputación de estar, y hasta de ser, más aburridos que otros pueblos más extrovertidos y ruidosos, como los mediterráneos. Quizá lo sean. Como revulsivo al aburrimiento, en vez de contraponer el ruido y los fuegos fatuos como gustan de hacer los meridionales —más primarios y desenfadados—, los nórdicos inventaron el *hygge*. El término, danés de ascendencia y usado también en Noruega, procede del nórdico antiguo *hug* (abrazo, abrazar) y hace referencia a cierto bienestar cálido y hogareño y, por extensión, a una tranquila sensación de confort y venturosa armonía con uno mismo y con lo que a uno le rodea, alejada del estruendo y del desordenado bullicio. Es una agradable y muy valorada experiencia de seguridad, igualdad, entereza personal y grato discurrir de los acontecimientos que incluye lo que es placentero, acogedor, seguro y conocido y que genera un estado psicológico que produce un íntimo bienestar.

Søren Kierkegaard, danés de nacimiento y condición, es conocido más como padre del existencialismo que como *coach* de *hygge*. Para el danés «los dioses estaban tan aburridos que crearon a los seres humanos» y la creación de Eva no es sino producto del aburrimiento de Adán, lo que viene a corroborar las palabras divinas de: «no es bueno que el hombre esté solo; voy a hacerle una ayuda que se acomode a él» (Génesis 2:18) pronunciadas por el mismísimo Creador. Kant, Heidegger, Nietzsche y muchos otros filósofos han llevado a cabo intentos de explicación más o menos afortunados del fenómeno del aburrimiento, especialmente de esa clase de tedio posterior al Romanticismo, coincidente con la muerte de Dios, y que puede ser explicado como consecuencia del traspaso de la responsabilidad de lo transcendente, de las manos divinas a las humanas.

Fernando Pessoa no era danés, pero era, eso sí, un tipo singular. Mientras muchos se conforman con el uso del pseudónimo para el ejercicio de campos literarios diferentes, el portugués iba un paso más allá y ejercitaba el uso de los heterónimos (identidades que adopta un autor en que, con un nombre imaginario, se convierte también en personaje). Con el nombre de Bernardo Soares, Pessoa escribió una serie de textos consistentes en aforismos, fragmentos de diario y reflexiones filosóficas o cotidianas del tal Soares que habrían de convertirse tras su muerte en el *Livro do Desassosego*, en el que dedica largos y jugosos párrafos al tedio, al que otorga un estatus mucho más perturbador que a sus hermanos menores, el aburrimiento y el hartazgo:

«El tedio es, sí, el aburrimiento del mundo, el malestar de estar viviendo, el cansancio de haberse vivido; el tedio es, más que esto, el aburrimiento de los otros mundos, existan o no; el malestar de tener que vivir, aunque otro, aunque de otro modo, aunque en otro mundo; el cansancio, no solo de ayer y de hoy, sino de mañana también, (y) de la eternidad, si la hay, (y) de la nada, si es la eternidad. (…) No es solamente la vacuidad de las cosas y de los seres lo que duele en el alma cuando se siente tedio (…); es la vacuidad de la propia alma que siente el vacío, y que en él de sí misma se enoja y se repudia. El tedio es la sensación física del caos y de que el caos lo es todo (…) El disgustado de la estrechez de la vida se siente esposado en una celda grande. Pero el que tiene tedio se siente preso en libertad ordinaria en una celda infinita. Sobre el que se aburre, o tiene malestar, o fatiga, pueden derrumbarse los muros de su celda y enterrarlo (…) Pero los muros de la celda infinita no nos pueden soterrar, porque no existen; ni siquiera nos pueden hacer vivir por el dolor las esposas que nadie nos ha puesto».

Las esposas que nosotros mismos nos imponemos son como las que elige libremente la figura de *El encamado*. Desconozco las cifras, pero se trata de un tipo más frecuente de lo que uno podría pensar en nuestra sociedad. En la familia de Martínez había uno: el Tío Alberto. En la lejana infancia del Jubilado Martínez había por costumbre familiar el ir a visitar tres o cuatro veces al año al Tío Alberto. Este, hombre de posibles, de unos setenta años y sin enfermedad conocida (fuera de los achaques propios de la edad y condición), vivía en la cama. Allí se le servía la comida, allí leía la prensa, escuchaba la radio y se fumaba su ración diaria de cigarrillos de liar para pasmo de la tía Aurelia, siempre temerosa de que un día prendiera fuego a la cama con el fumeque. Al tío Alberto no le ocurría nada y así era conocido y aceptado con naturalidad por la familia. Simplemente, había dejado de interesarle todo lo que ocurría fuera de las cuatro paredes de su dormitorio —para ser más exactos, de los cuatro ángulos de su cama, lugar que abandonaba solo para ir al retrete y para que alguien hiciera las tareas de mantenimiento (cambio de sábanas y demás)—. Como le ocurrió al escritor uruguayo, Juan Carlos Onetti, Premio Cervantes (1980), que vivió recluido en su cama de su piso madrileño los últimos doce años de su vida. Allí hacía todo lo que tenía que hacer: escribir, comer, hacer el amor, fumar y beber sus whisquitos. Según su mujer, Dorotea Muhr, por pura pereza de levantarse; según él, porque allí ocurría todo lo importante y relevante de su vida. En realidad, *el Encamado* siente un enorme tedio hacia todo lo que el mundo exterior le depara y se refugia en su cuarto a convivir con lo único capaz de amenizar su existencia: su propio yo. No se trata, por lo general, de casos de "tedio existencial", tan crudamente descrito por Pessoa. Es solo desinterés, tedio provocado por lo de afuera.

El *hikimori* puede parecer un caso radical de *encamado*, aunque, en esencia, se trata de algo muy distinto. El fenómeno es originario y se da, mayormente, en Japón, país en el que se calcula que hay entre quinientos mil y un millón de casos. Se trata de adolescentes y jóvenes que renuncian a salir de sus dormitorios, suelen dormir de día y pasan las noches enganchados a los videojuegos de sus consolas, jugando online o viendo videos y televisión. Si el tedio es el impulso (o la carencia de él) que guía al *encamado*, el *hikimori* sufre un trastorno, a menudo muy grave, de personalidad por evitación, timidez extrema y agorafobia. Se trata, pues, de un caso clínico que queda fuera del enfoque de este ensayo.

Para Camus, si hay un tema verdaderamente filosófico este es el del aburrimiento. Es lo que lleva a Meursault a matar a un perfecto desconocido y a sentirse insensible ante la muerte de su propia madre y sentir indiferencia ante su propia condena a muerte. El protagonista de *El extranjero* es el prototipo del personaje con tedio vital.

Para que haya aburrimiento debe haber autoconsciencia, dicen algunos filósofos y antropólogos. Otros, especialistas en psicología animal, sin embargo, opinan lo contrario. «¿Quién es capaz de afirmar que el león que mira impasible el horizonte entre bostezo y bostezo, mientras espanta las moscas con el rabo, no está aburrido?», se preguntaba Martínez mientras dormitaba en el sofá y miraba de reojo el enésimo documental que concernía a leones, ñus y otras criaturas de la sabana. Es cierto que el aburrimiento leonino es deseable para el afortunado que lo padece, en la medida en que se produce cuando tiene sus necesidades biológicas (comida, sexo, jerarquía, cobertura territorial...) cubiertas, con lo que el aburrimiento, si existe, significa buenas noticias, pero ¿y el perro que está apático en casa y que importuna al dueño señalando la cadena reclamando el paseo o el juego con la pelotita? Ciertamente, la mascota también tiene todas sus necesidades cubiertas, con lo que el aburrimiento, de existir, es también deseable, y, si no, que se lo pregunten al perro que anda suelto por el campo, que llega a morir de inanición. Pero el hecho de que el aburrimiento sea o no deseable no quita el que se trate de una emoción «sentida» por el animal. En esta postura se alinean especialistas en psicología animal como Wemelsfelder y Bekoff, que apuntan, con gran sentido común, que los animales pueden estar aburridos por los mismos motivos que tú y que yo y que el mismísimo Martínez: por tener demasiado de algo o demasiado poco.

Erich Fromm, coherente con su postura humanista, afirma que «el hombre es el único animal que puede sentir aburrimiento» y en términos similares se expresa Fernando Sabater, para quien «el aburrimiento es una de las exclusivas del animal humano, una intemperancia zoológica como la risa o la prescencia de la muerte (las tres juntas, pasadas por el lenguaje, son el origen de nuestra especialidad más famosa: el pensamiento)», postura que no hace sino seguir la idea aristotélica aquella de que «una emoción que no puede ser nombrada no puede ser sentida» y, ciertamente, ni el león ni siquiera el simpático perrito de la vecina de Martínez pueden hablar. Por muy expresivos que sean sus ojos y por mucho que la pizpireta vecina le hable y jure que la entiende y hasta que le contesta.

En India, los perros —como las vacas— andan sueltos. En grupos o solos van de acá para allá o se tumban a la bartola en cualquier lado: en la cuneta, a la puerta de la tienda o en medio de la calle atestada de tráfico si así les viene en gana. Y a nadie se le ocurre espantarlos de una patada o algún gesto más violento que el común bocinazo, como tampoco se hace con un mendigo o un santón de esos que parecen salir del Antiguo Testamento. Los perros no conocen ataduras ni collares y, al parecer, tampoco amos. Vagan, fornican, duermen y buscan comida y sombra a su aire. A veces se tumban inmóviles en la calzada y es difícil determinar si están vivos o muertos hasta que el olor o la visita de los cuervos o las avispas entrando por los ojos delatan su estado de tránsito a la reencarnación. No conocen vacuna ni veterinario ni su cuerpo ha conocido el agua aparte del ocasional chapuzón en el riachuelo infecto o en el solo un poco menos infecto Ganges. Nadie les castra ni esteriliza y no parecen tener ningún motivo para aburrirse, si por aburrimiento se entiende la restricción del derecho a hacer lo que a uno le viene en gana.

En mi país, los perros van siempre atados (a menudo con longanizas) hasta el punto de que no conocen el mundo sin ataduras fuera de la humana morada. Se les lava regularmente con suaves champús y se les hace la manicura, se les lleva al veterinario y tienen su cartilla de vacunación, como los niños (los de aquí, no de la India). Se les da de comer una dieta equilibrada, con paella los domingos, prestando atención a la dosis adecuada de vitaminas, proteínas, colesterol y azúcar. Se les castra y esteriliza sin su consentimiento y la mayoría muere sin conocer los arrebatos de la fornicación. También se les niega el derecho a la muerte natural. Para evitar el sufrimiento (mayormente del dueño, al verlo morir) se le administra la eutanasia sin testamento vital ni consentimiento del interesado.

¿Y los humanos? A falta de vida con estímulos suficientes que le den sentido, los dueños de los perros, consumidores entusiastas de *trankimacines* y *orfidales*, parecen encontrarse en continua terapia antitedio. Algunos se inclinan por la *hidroterapia* de los spas sin mostrar síntomas de enfermedad manifiesta o son objeto de los placenteros beneficios de la *talasoterapia* (que viene a ser lo mismo, pero con agua de mar) mientras se entregan a la *masoterapia* de los masajes sin ni siquiera sentir cansancio. La *aromaterapia* de las esencias para regular el quebradizo estado emocional o las enigmáticas *chocoterapia*, *cromoterapia* (curación por uso del color) *crioterapia* (por frío) o *equinoterapia* (tratamiento por contacto de una forma u otra con caballería) parecen ser soluciones elegidas por otros. Hay quienes se deciden por la *ozonoterapia* para ver de burlar sus inconcretas aflicciones y otros por la *musicoterapia* (algo que Martínez practicaba sin saber que se trataba de una terapia cuando se encerraba en su juventud con el último vinilo de los Stones). O la *risoterapia*, que consiste, según parece, en reír y reír sin gana para obtener así el efecto catártico de la risa de verdad. En definitiva, los dueños de los animales parecen dedicarse a experimentar terapias para paliar el desajuste que viene aparejado con el hecho de comer sin hambre, beber sin sed, fornicar sin deseo y dormir sin sueño ni cansancio alguno. Lo que explica, en parte, su afición por los ansiolíticos.

La duda de Martínez es: si los perros de Benarés supieran de este mundo de amos en terapias varias, peluquerías, collares y cadenas, vacunas, comida segura, castraciones y eutanasia por decreto, ¿se cambiarían? Nunca, ningún perro ha respondido a tal pregunta, que se sepa, con lo que se perpetúa la incógnita.

En beneficio del argumento de este tratado, y dados los claros síntomas que expresa tu perro, lector, vamos a convenir que el animal siente como tú y como yo el aburrimiento situacional, el que se arregla dando un paseo o yendo al cine (la vecina de Martínez le pone ciertas películas al chucho que asegura que le encantan), pero es incapaz de sentir el existencial, sofisticada experiencia a la que solo tú y yo podemos llegar. Por humanos.

El aburrimiento es un estado emocional y psicológico secundario y, como tal, está más alejado del instinto y de las conductas evolutivas de supervivencia individual y de la especie que las emociones primarias como son el miedo, la ira, el asco o la alegría. Además, en el caso de los animales, presenta un problema filosófico de difícil resolución. Admitamos que los animales puedan experimentar aburrimiento. ¿Hasta dónde nos debemos retrotraer en la escala animal? Parece que el confinamiento puede llevar a un orangután al desquicio por aburrimiento, pero ¿y a un burro?, ¿y a un periquito en su jaula? ¿Se puede aburrir una rata si no tiene a una compañera y millas de oscuras alcantarillas para recorrer? ¿Y un ciempiés? ¿Se aburre una araña en las largas horas de espera a que caiga el mosquito y poder disfrutar de un preciado momento de acción? El dilema descubre todo un problema de gradación. Nadie sabe dónde poner el listón del aburrimiento en la escala zoológica. Y eso representa un problema filosófico para Martínez casi tan grande como el de saber de dónde sacan el dinero las Diputaciones.

Para los jainistas, rama o secta del hinduismo que cuenta con más de cuatro millones de seguidores en la India y en otros lugares del globo, la vida es vida y la vida animal tiene el mismo valor cualquiera que sea su posición en la escala zoológica. Vegetarianos puros, limpian con escobones el suelo que van a pisar para no matar a los posibles insectos, llevan mascarilla para preservar la vida de microbios en el ambiente y se abstienen de comer alimentos que crecen debajo de la tierra como cebollas, patatas o ajos cuya obtención acaba con la vida de la planta. Aunque extremadamente respetuosos con la vida animal (y hasta vegetal), no consta, sin embargo, la opinión de los jainistas sobre el aburrimiento de los microbios y ni siquiera de los perros o los monos. Lástima.

No basta con no hacer nada o hacer algo cargante o repetitivo. Animal o humano, hay que ser consciente de la nadería, la futilidad o la ausencia de sentido del tiempo para sentir el tedio existencial; y esa consciencia parece estar al alcance solo del animal humano, de la misma manera que solo el humano es consciente de la finitud de la vida y el acecho inevitable de la propia muerte. El antropocentrismo dio lugar, pues, al aburrimiento y el tecnocentrismo que le sigue no hace sino ahondarlo de manera muy notable. Por dos razones: una es la descarga de trabajo (actividad) que proporciona y la otra es la pasividad que genera al individuo al que todo le viene dado —o hecho— con solo presionar un botón.

VII. LA PROFILAXIS DE LA DESDICHA

Si solo se tratara de ser felices no sería difícil: lo malo es que queremos ser más felices que los demás y eso es dificilísimo, porque siempre los imaginamos mucho más felices de lo que son en realidad.

MONTESQUIEU

Yo nunca me aburro. Si alguna vez he sentido algo que se asemeja a lo que los ilusos llaman aburrimiento:

- *A) Me apunto a yoga, a un coro, a macramé y a clase de bachata.*
- *B) Me dedico a mirar fijamente las agujas del reloj de pared tratando de "ver" el movimiento.*
- *C) Nada de nada. Para eso se inventaron el Prozac, el Trankimacin y el Orfidal. Me tomo una pastillita extra y me pongo un programa de la tele en el que salen unas señoras muy cargadas de razón que se gritan unas a otras. Una gozada.*

John Eastwood, psicólogo de la Universidad de York en Toronto (Canadá), ha definido el aburrimiento como «...esa experiencia desagradable de querer involucrarse (sin conseguirlo) en una actividad que resulte satisfactoria». La vida humana, por lo general, debe de tener un significado, un contenido, un propósito, la asimilación de algunas premisas existenciales. No se trata de «conocer» de manera explícita y con las palabras exactas las respuestas a las grandes preguntas de la vida, pero sí de tener una idea intuitiva o abstracta de quién es uno mismo, de donde viene y hacia dónde se dirige. Daniel Dennet (1942), refiriéndose a la felicidad humana, apuntó: «Busca algo más importante que tú y dedica tu vida a eso». Con esta máxima, el filósofo norteamericano invita a evitar mirarse al ombligo y a buscar la felicidad fuera de sí. Los místicos orientales y tantos otros occidentales diletantes de la meditación y su hermanita pequeña y descarada, *mindfulness*, predican que es dentro de uno donde se encuentra la energía que proporciona la felicidad y nos aparta del aburrimiento existencial. Cada cual sitúa la solución en un lugar diferente, lo que puede querer decir que la solución está en todas partes y en ninguna. El aburrimiento es como el manómetro, el relojito que nos advierte de que el tiempo (aburrimiento situacional) o la vida (aburrimiento existencial) están perdiendo contenido, significado. Y obramos en consecuencia.

El aburrimiento viene a actuar como una alarma, como una respuesta adaptativa de nuestra psique que nos invita a poner en marcha los procesos de cambio y experimentación espoleando la curiosidad y la exploración de nuevos escenarios, de la misma manera que el dolor nos avisa de la infección, el hambre de la necesidad de nutrirse o la sed de la de hidratarse.

Las estrategias de enfrentamiento cuando el manómetro del bostezo entra en zona roja son variadas y serán acertadas o no dependiendo del sujeto, del momento y de la cualidad y calidad del tedio.

La más común y eficaz a disposición del humano es la diversión, la distracción, el entretenimiento. En este saco incluimos los juegos de mesa, las actividades deportivas, el cine, la televisión, las series televisivas, el teatro, la lectura, los pasatiempos y, en general, todo aquello dirigido a acaparar nuestra atención en algo distinto a la consciencia del yo y del paso del tiempo. Si bien es cierto que el entretenimiento, el espectáculo y la diversión son efectivos a la hora de paliar el aburrimiento, también lo es que lo consiguen solo temporalmente, con lo que son válidos para neutralizar el aburrimiento situacional pero no el existencial, que es el que puede llegar a constituir un problema. Pascal, como se explica en otro capítulo de este libro, rechaza la diversión como solución al aburrimiento y lo argumenta diciendo que el tedio es como las arenas movedizas, en las que uno se enfanga más cuánto más esfuerzos hace por salir de ellas.

Nada que objetar a los juegos: requieren acción y atención (dos prácticas antitedio infalibles) y facilitan el contacto con los demás, lo que es un estupendo bálsamo para el alma herida o simplemente aburrida. Además, algunos juegos pueden ser divertidos. En cuanto a la práctica del deporte o su humilde hermano pequeño, el ejercicio aeróbico del paseo al aire libre, son excelentes: levantan el ánimo y liberan endorfinas que tonifican cuerpo y alma, hacen aumentar el optimismo y, en general, hacen desaparecer las telarañas de la cabeza. La televisión, en cambio, suele ser una estrategia fallida ya que constituye un entretenimiento totalmente pasivo, a diferencia de la lectura o de los pasatiempos, que requieren una cierta dosis de acción por la parte del sujeto. El cine o el teatro, que nos exigen salir de casa, desplazarnos y que, además, propician el encuentro ocasional con conocidos, vienen a ser soluciones más efectivas. Eso sin contar la beneficiosa acción catártica del espectáculo en sí, cosa que ya conocían bien los griegos clásicos, aficionados como eran a la tragedia, la comedia y el drama satírico.

En la sociedad griega, la tragedia tenía un papel social de expiación. El espectador lograba purificar sus bajas pasiones, conflictos internos y malos sentimientos al verlos representados en escena. Las desgracias y castigos terribles a los que se veían sometidos los personajes provocaban una liberación en el alma del espectador a la que denominaban catarsis —mecanismo bien conocido y explotado por el psicoanálisis—, producida por el sentimiento redentor de que las cosas terribles y los castigos atroces les pasan a otros, en escena y de manera incruenta, lo que constituía (y todavía lo hace) un buen mecanismo de defensa emocional y de equilibrio mental. Si no, ¿cómo se explican el éxito de la tragedia en el cine y el teatro? Pregunten a Shakespeare.

Lo he dicho en un capítulo anterior: si la pasión es la vacuna que nos inmuniza contra el mal del aburrimiento, el trabajo creativo bien hecho, el deporte y las relaciones sociales constituyen el antibiótico que contribuye a la curación del mismo, el espectáculo y la diversión serían la anestesia (hay que ser cuidadosos con la dosis) y los juegos de mesa y los pasatiempos el analgésico: la Aspirina o el Paracetamol, aptos para producir un alivio temporal muy eficaz del síntoma e inútiles para la curación de la enfermedad que se presentará quizá acentuada al acabar el efecto.

Los juegos de mesa, el dominó, los dados, el ajedrez, el bingo (o lotería doméstica) y, sobre todo, en nuestra sociedad, la baraja, han sido tradicionalmente un eficaz remedio cotidiano para paliar el aburrimiento. Requieren concentración, las situaciones del proceso son cambiantes por su propia naturaleza de «juego» y facilitan las relaciones personales en un contexto activo. En los entornos rurales, con limitada o nula oferta de espectáculos, el juego en el casino o en la casa particular alrededor del brasero era casi la única fuente de distracción entre los individuos. En una ocasión, Unamuno se dirigió a un campesino analfabeto de algún lugar de Castilla y le preguntó: «¿Quién ha sido, para usted, el hombre más sabio del mundo?» No sé qué pretendía el Rector de Salamanca con tan singular pregunta ni qué clase de respuesta esperaba, pero la que obtuvo del hombre, tras tomar su tiempo de meditación, fue: «El que inventó la baraja», dejando a un lado al inventor de los analgésicos, los antibióticos, el fuego, la máquina de vapor, la rueda o el Internet. Tal era la alta consideración que el campesino otorgaba a quien ideó los cartones de los oros, las copas, las espadas y los bastos.

Mención aparte merecen los pasatiempos ya que se inventaron con el exclusivo propósito de «pasar el tiempo», de hacer que este transcurra sin hacer herida con su indolente vacuidad. Quienes usan el término «matar el tiempo» o piensan en él como algo a eliminar, redundante, eligen una estrategia psicológica, a mi juicio, errónea, puesto que, bien pensado, «el tiempo» es lo único de lo que disponemos los seres vivos. ¿Qué sentido tiene, pues, matarlo?

El crucigrama es aceptado como el primer pasatiempo puro para hacerse en solitario, excepción hecha, quizá, de los solitarios de la baraja (diseñada, básicamente, para el juego comunal). El inventor fue Arthur Wynne, un inmigrante inglés, de Liverpool, que trabajaba como periodista en el New York World y que publicó su primer crucigrama el 13 de diciembre de 1913 obteniendo un éxito inmediato. Margaret Petherbridge, que sustituyó al inglés como jefa de sección, perfeccionó la cuadrícula emborronada y editó en 1924 un libro recopilatorio que vendió 400.000 ejemplares. Siguieron otros dos libros de los que se vendieron dos millones de copias. El New York Times consideró una pérdida de tiempo lo del jueguecito de las palabras cruzadas y tardó hasta 1942 a rendirse a la evidencia de su atractivo. Desde entonces todos los periódicos del mundo han ido incorporando el ingenioso juego de letras. En tiempos más modernos se incorporó con gran éxito el Sudoku, ideal para todos aquellos de habilidades más numéricas.

Peter Toohey, en su libro *Boredom, a Lively History,* incide en la idea del aburrimiento como válvula que nos señala que hay que hacer cambios en nuestra vida por nuestro propio bien:

> El aburrimiento existe para proporcionarnos un aviso a tiempo de que algo puede llegar a ser peligroso para nuestro bienestar. Como el asco, parece que se trate de una emoción adaptativa. De la misma manera que el asco está para disuadirte de lanzarte al tarro de anchoas podridas para enriquecer tu *salade niçoise,* el

aburrimiento hace lo propio en cuanto a temas sociales. Está ahí para indicar a la gente que debe adaptar su conducta para protegerse de toxinas sociales, de la misma manera que su primo, el asco, está para prevenirles de toxinas orgánicas. Como una señal de que las cosas empeorarán si no se produce un cambio en el estilo de vida.

El aburrimiento, pues, no necesita cura. Lo único que podemos hacer es tomar nota e intentar huir de aquello que lo produce. Sin más. Siempre habrá quien magnifique su malignidad y lo considere un caso clínico. Es propio de esta sociedad el hacerlo, dado el empeño en atacar el síntoma y no la esencia del malestar, como ocurre también con la timidez y la tristeza. ¿Estás triste? ¿Eres tímido? Pues, toma: antidepresivos, ansiolíticos y tranquilizantes. No hay que permitirse ni un minuto de infelicidad.

En efecto, si hay algo en lo que los psicólogos, los psiquiatras y los médicos en general están de acuerdo, es en el fenómeno de lo que podríamos llamar *sobreprescripción*, o abuso de prescripción de psicofármacos: antipsicóticos, ansiolíticos, antidepresivos, hipnóticos y antiepilépticos. En el empeño de tratar la depresión (el verdadero mal del siglo en el mundo desarrollado) se receta este tipo de medicamentos para tratar otros males menores como la tristeza, la melancolía, el necesario y curativo duelo, la timidez o incluso el aburrimiento —mención aparte merecen los dedicados a tratar el desorden psicológico infantil por excelencia, el trastorno por déficit de atención con hiperactividad (TDAH), pero eso es objeto de otro capítulo—.

El psiquiatra Javier Lacruz dice que, si bien Donald Winnicott había identificado la angustia y la depresión como los dos síntomas fundamentales del enfermo mental en el siglo XX, en el XXI es el aburrimiento. Los medicamentos estrella diseñados para el tratamiento de la depresión y utilizados a la ligera para combatir síntomas menores son los antidepresivos (Prozac, Escitalopram...), los ansiolíticos (Trankimacin, Orfidal...) y los hipnóticos (Zolpidem...). De entre ellos, los antidepresivos son los, quizá, más (ab)usados. Actúan como inhibidores selectivos de la recaptación de la serotonina (ISRS) y su prescripción ha aumentado, solo en España, un 200% desde el año 2000, pasando de 26.5 DHD (dosis diarias por cada mil habitantes y día) a 79.5 DHD en 2015.

En la actualidad, España es uno de los países líderes en consumo de psicofármacos del mundo, como puede corroborar el Jubilado Martínez de manera oficiosa e intuitiva, ya que es casi incapaz de nombrar a persona alguna de su círculo de familiares y amigos que no esté consumiendo alguno de manera continuada o frecuente. El incremento exagerado del uso de los antidepresivos no parece corresponderse, en cambio, con la apreciación intuitiva de los niveles depresivos o melancólicos de la población, vista por los extranjeros como de natural alegre y desenfadada, además de algo ruidosa y relajada en sus hábitos de cortesía. De hecho, la prevalencia-año y la prevalencia-vida del episodio depresivo mayor en España se ha estimado en un 3.9% y un 10.5% respectivamente, siendo mayor en las mujeres (14.4%) que en hombres (6.2%). Para poner los números en perspectiva, señalaremos que en Holanda o en EEUU las estadísticas arrojan cifras superiores al 10% en hombres y 20% en mujeres, según el Ministerio de Sanidad, Servicios Sociales e Igualdad. Las cifras de enfermos depresivos no justifican la escalada del uso de psicofármacos en nuestro país. Los datos parecen desvelar la prescripción excesiva de medicación como paliativo de problemas menores como la timidez o la tristeza por la pérdida de un ser querido (incluyendo en la categoría a la mascota) que tendrían que ser tratados por terapias diferentes, si es que necesitan tratamiento alguno. Y el aburrimiento crónico, propiciado por la inactividad que trae consigo la cantidad ingente de horas de televisión que se traga parte de la población, quizá tenga algo que ver. Cocinar, limpiar la casa y arreglar las plantas del balcón, cultivar el huerto o arreglar el jardín, cuidar de los nietos o de la hija de la vecina podría ser una terapia más efectiva y saludable que las medicinas. Y mucho más barato y sostenible para el estado del bienestar.

Una de las maneras más comunes y, a primera vista, efectivas de actuar es llenando de actividad las horas y los días; a ser posible, sin dejar hueco por cubrir, en una especie de loco empeño por «llenar» el tiempo. Los lunes y miércoles, tras el trabajo, clase de Pilates. Los martes y jueves, ensayo con el coro. Los viernes al cine y los sábados por la mañana limpieza general y por la noche cena con los amigos. Los domingos por la mañana hay que ir al partido del chico y por la tarde... bueno, por la tarde no hay nada que hacer. Y es entonces cuando uno siente avanzar las implacables manecillas del reloj en un enorme vacío, tictac, y oye, saborea, toca y ve el aburrimiento en estado puro. Entonces es cuando uno se da cuenta que toda esa actividad frenética no es sino un intento poco exitoso de engañar al relojito, que lo único que se ha conseguido con esa agenda repleta es atacar los síntomas, que la «terapia ocupacional» a la que voluntariamente nos hemos sometido no es ninguna solución, o no es una solución demasiado buena. Podemos encontrar «otra» actividad para el domingo por la tarde, pero intuimos que no deja de ser otro parche para seguir «llenando el tiempo». Que algún día el tiempo, implacable y tozudo, nos encontrará sin nada entre las manos y entonces tendremos que mirarle a la cara. Sin arrogancia, pero con determinación. Y tenemos que estar entrenados y preparados para aguantarle la mirada. Por si acaso, y mientras ese ineludible momento llegue, me pongo a cocinar.

Para toda la semana. Otra semana más. Y la siguiente, dios dirá. Ya encontraremos una solución a eso del paso del tiempo.

A las personas no les gusta aburrirse, para nada. Timothy Wilson, Profesor de Filosofía de la Universidad de Virginia, publicó en 2015 un curioso estudio en la revista Science con resultados sorprendentes y esclarecedores: el 25% de las mujeres y el 66% de los hombres encerrados en una habitación sin nada con lo que entretenerse que no fueran sus propios pensamientos durante quince minutos, prefieren darse una descarga eléctrica a no hacer nada de nada. El 17% de estas personas repitieron y se dieron más de una, lo que habla de la aversión del individuo a quedar a merced de sus propios pensamientos, la dificultad de llevarlos a lugares agradables y provechosos y la preferencia del dolor a la nada.

En siglos pasados, los seres humanos deseaban ser salvados, mejorados, liberados o educados. En nuestros días quieren ser entretenidos, divertidos. No es la enfermedad y la muerte lo que más nos preocupa, sino el aburrimiento. Una sensación de tiempo entre las manos que se nos escapa como se escurre la arena de la playa en la mano cuando cerramos el puño. Una sensación de que no tenemos nada que hacer, no tenemos idea de qué hacer y de que nos aburrimos.

Lo dijo Nietzsche: «Más que felices, los humanos quieren estar ocupados».

VIII. EL MANÓMETRO DEL ABURRIMIENTO

En las vidas de los demás, por vulgares que fueran, cabía la posibilidad de que apareciera algún acontecimiento (...). Pero a ella no le pasaba nada. ¡Dios lo había dispuesto así! El porvenir era un pasillo completamente negro, con una puerta bien cerrada al fondo.

GUSTAVE FLAUBERT. Madame Bovary

Marque con una X:

A) *Mi época favorita del año es el verano. Se puede dedicar uno a ver llegar las olas a la playa. Una, dos, tres...*

B) *Mi época favorita del año es la primavera. No hay nada que se compare a contar amapolas en un campo. Una, dos tres...*

C) *Mi época favorita es el otoño. ¡Hay tantas hojas para contar!*

Hay muchos defectos que se pueden achacar a Martínez, pero el de la introversión (si es que es un defecto) no es uno de ellos, ya que siempre se ha conducido por la vida con desparpajo: con respeto, educación y comedimiento, pero con cierto alegre desparpajo. El psicólogo Hans Eysenck aportó el modelo estructural quizá más reconocido sobre la naturaleza de la personalidad humana. Esta se explica de acuerdo a tres variables: psicoticismo, extraversión y neuroticismo, lo que nos coloca a cada uno de nosotros en un punto del continuo introversión-extraversión, dependiendo del nivel de estimulación. Existe un nivel en el que cada individuo se encuentra cómodo y bien, sin sentir tedio ni ansiedad, aunque cada uno nace con un nivel de estimulación diferente. El introvertido verá perturbado su equilibrio emocional por una alta estimulación y necesitará muy poca para encontrar su nivel ideal. Buscará, por tanto, una vida serena y con pocos altibajos emocionales. El extravertido, por su parte, necesitará de mucha y continuada estimulación para encontrar su equilibrio y no caer, indefectiblemente, en el aburrimiento, la ansiedad o, incluso, la depresión.

El manómetro del aburrimiento entra en la zona roja de manera muy desigual. Hay calderas (y personas) en continua ebullición y hay otras que contienen aguas quietas y tibias, con lo que la manecilla rara vez llega al rojo. El umbral frente al aburrimiento es, por tanto, muy dispar. En la película *Paterson,* de Jim Jarmusch, el protagonista, de nombre Paterson —como la ciudad de New Jersey en donde vive— lleva una vida tranquila y armoniosa. Conduce un autobús urbano ocho horas al día y escribe cortos poemas en sus ratos libres que lee a su encantadora y algo excéntrica mujer a la que adora y con la que tiene una apacible y cálida relación. Cada día saca a pasear al perro y toma una cerveza en el bar de la esquina, convirtiendo su rutina en algo armónico, tranquilo y entrañable, sin sitio para las estridencias, las emociones arrebatadoras como la ira y tampoco para el aburrimiento, algo impensable en la sencilla vida de Paterson. ¿Aburrido? ¿Por qué habría de estarlo? Hago mi recorrido urbano en mi autobús, hablo con la gente, me como el sándwich que me prepara mi mujer, ceno y duermo con ella y el perro me espera a la puerta del bar mientras me tomo una cerveza. ¿Cómo puede estar aburrido alguien que lleva esa clase de vida?

En una inédita maniobra de autoplagio, relataré una anécdota del gran maestro del humor inglés P. G Wodehouse (1881-1975) que ya conté en mi libro anterior *Adonde el viento nos llevó*. El gran escritor cómico, cuya vida no parecía ser un carrusel de emociones y sorpresas, se propuso un año nuevo llevar un diario y escribió las siguientes entradas en él:

1 de enero. He decidido llevar un diario para apuntar cada día los más importantes acontecimientos que nos suceden a mí y a mis amigos. Así, toda mi vida quedará registrada. Será interesante leerlos al cabo de los años y el tío John dice que será útil como disciplina mental. Hoy día húmedo. No ha sucedido nada.

2 de enero. Día húmedo. No ha sucedido nada.

3 de enero. Todavía nuboso. No ha sucedido nada.

4 de enero. Buen tiempo. No ha sucedido nada.

5 de enero. No ha sucedido nada.

6 de enero. No ha sucedido nada.

Llegada la Epifanía de los Reyes Magos, y visto el cariz que el texto iba tomando, el escritor inglés afincado en los Estados Unidos, que parecía llevar una vida casi tan apasionante como la de Martínez, acabó con el dietario autobiográfico y se dedicó a lo suyo: a regalar a su público con las hilarantes aventuras del parásito inofensivo y aristocrático Bertram *"Bertie"* Wooster y su sagaz mayordomo Jeeves.

A diferencia del conformista y plácido Paterson y el acomodaticio y algo cínico Woodehouse, el interior de Julien Sorel, el protagonista de *Rojo y negro*, de Stendhal, es una caldera de apasionadas emociones amorosas y de toda índole con una presión extraordinaria que tiene que apaciguar con ejercicio físico y una actividad desaforada, para, con el agotamiento, ver de rebajar la ebullición del interior. Lo mismo que Fito Cabrales. En una entrevista que leí del bardo vizcaíno, relata cómo acude cada mañana al gimnasio en Gernika donde vive y después se va a correr diez kilómetros al monte para, en la extenuación, tratar de encontrar algo de tranquilidad y reposo. Cuenta que una vez un tipo le dijo que era muy nervioso, a lo que Fito le contestó: «Mira, yo, para estar como tú, así, normal, necesito ir al psicólogo, Orfidal, correr todos los días diez kilómetros y hacer tres respiraciones. ¿Te das cuenta de la diferencia que hay entre tú y yo?» El ejercicio logra neutralizar la ebullición de la caldera. Y añade: «Todo lo que sea relajarme e ir más tranquilo me cuesta muchísimo. Lo entreno, ¿entiendes? Hago respiraciones y he estado con psicólogos y psiquiatras, y por eso voy a correr. Y ya ni bebo, ni me drogo, ni hago nada. Solo intento estar más tranquilo».

Paterson y Julien Sorel son dos personajes de ficción, Fito Cabrales y Woodehouse son reales y bien reales, pero los cuatro son reconocibles y cada uno de ellos representa un umbral muy diferente respecto al aburrimiento. En el caso de Paterson, tan bajo, que es feliz y se encuentra satisfecho con su trabajo de chófer de autobús, sus poemas, su cerveza diaria y su convivencia doméstica y Woodehouse, como buen inglés, es capaz de mirar su poco ajetreada vida con ironía y hasta con desdén y algo de cinismo. En el caso de Cabrales o Sorel, el inconformismo y el aburrimiento acechan de manera permanente y la manecilla amenaza de continuo con entrar en la zona roja.

El aburrimiento percibido por Delphine Delamare, segunda esposa de un médico rural de Normandía en la Francia de mitad del siglo XIX, debía de ser tan mortificante que se suicidó a los veintiséis años, tras acumular deudas y amantes, dejando huérfana a una niña de seis años. El caso real, conocido por Flaubert por cercanía con su propia familia, dio origen a una de las más famosas novelas de todos los tiempos, *Madame Bovary*. El manómetro del umbral del aburrimiento estaba totalmente trastocado en el caso de Emma Bovary (*neé Rouault*) que llevaba una vida de ensoñación en la que todo aquello que valía la pena vivir parecía ocurrir fuera de su círculo. La joven esposa de un aburrido y conformista médico rural había cavado un enorme abismo entre ilusión y realidad. El tedio por desubicación de la mujer era tan grande y las ganas de acabar con él tan poderosas que la quimérica persecución de sus deseos románticos la arrastraron a la búsqueda del paliativo fuera de su convencional matrimonio provocando la ruina económica y moral de su familia, llegando a provocar su propio suicidio y la muerte de su conformista marido, que nunca dejó de amarla ni había agotado su capacidad de perdonar.

El argumento de la novela fue un escándalo, una bomba en la sentina de la moral de la sociedad francesa decimonónica.

Como consecuencia de ello, Flaubert fue procesado y finalmente absuelto, quizá ayudado por el terrible desenlace de la novela en el que se quiso ver una conclusión moralizante que salvaba los muebles. La figura de Madame Bovary, Emma, se ha convertido en un arquetipo, como Don Quijote o Ebenezer Scrooge. Tiene en común con Don Quijote el hecho de que el vicio de leer novelas —románticas, en el caso de la francesa— llevó a la mente de la joven esposa a la ofuscación y el delirio, de modo que se ha acuñado el término *bovarismo* para designar a aquellas personas que buscan adictivamente el amor romántico alejándose del mundo y el amor reales del mismo modo que *quijotismo* para referirse a aquellos idealistas empedernidos capaces de arriesgar su vida y hacienda por cualquier *quítame esas pajas* en el que se vea envuelto un necesitado o indefenso aunque a veces suponga no la liberación sino la ruina del desventurado.

La tentación de lo de fuera, la sensación de que el tiempo transcurre y se nos escapa como se escapa la arena del que coge un puñado y aprieta con fuerza para retenerla es lo que llevó a aquel hijo a pedir su parte de herencia y salir a explorar el mundo. Su exploración salió mal y tras gastar el legado en juergas y orgías viviendo como un libertino, se tuvo que emplear como porquerizo al que se le negaba hasta comer las algarrobas de los propios cerdos que cuidaba. El final de la historia, al contrario que la de Bovary, fue bueno, ya que el crápula volvió a la casa del padre y obtuvo el perdón y el agasajo de este, alegre por haber recuperado a un hijo. Mandó el padre sacrificar el novillo cebado para festejar su llegada provocando el enfado y reproche del hijo mayor, conformista él, siempre respetuoso con los dictámenes paternos. No hay constancia de la identidad del sujeto puesto que se trata de una de las historias, presuntamente inventadas, con las que Jesús de Nazaret aleccionaba a sus audiencias. Se la conoce como la *Parábola del hijo pródigo* y está recogida en el Evangelio de Lucas, capítulo 15, versículos del 11 al 32.

Se desconoce cuál es la causa del aburrimiento existencial crónico que unos experimentan y otros, con los mismos elementos, no lo hacen en absoluto. Podría haber cierta propensión metabólica que estaría relacionada con desequilibrios en algunos neurotransmisores capaces de generar un riesgo más alto de sufrir depresión, ansiedad, desórdenes de alimentación, ludopatía, hostilidad y fracaso escolar.

En 1986, el psicólogo clínico de *University College* de Oregón, Norman D. Sundberg, y su entonces alumno, Richard F. Farmer, diseñaron un test al que llamaron Escala de propensión al aburrimiento (*Boredom Proneness Scale*) para determinar qué personas son propensas a aburrirse y cuáles no. A las primeras se las conoce como buscadores de emociones y son más proclives a adoptar conductas arriesgadas, al juego y al uso y abuso de drogas, alcohol, etc. Consta de 28 preguntas a las que hay que contestar puntuando de 1 (total desacuerdo) a 7 (completamente de acuerdo), siendo el 4 el punto neutro.

1. Me resulta fácil concentrarme en mis actividades.

2. Cuando trabajo, a menudo estoy preocupado por otras cosas.

3. Tengo la impresión de que el tiempo pasa muy despacio.

4. Con frecuencia me encuentro con "momentos muertos" en los no sé qué hacer.

5. A menudo me veo envuelto en situaciones en las que tengo que hacer cosas irrelevantes o sin sentido.

6. Me aburre tremendamente tener que mirar las fotos o los vídeos de los viajes de los conocidos.

7. Siempre tengo proyectos y cosas que hacer en mi cabeza.

8. Me resulta fácil encontrar entretenimiento.

9. Muchas de las cosas que tengo que hacer son repetitivas y monótonas.

10. Necesito más estimulación que la mayoría para lanzarme a hacer algo.

11. Encuentro interés en casi todo lo que hago.

12. Raramente me siento entusiasmado con mi trabajo.

13. En cualquier situación, siempre suelo encontrar algo que ver o hacer para mantenerme interesado.

14. Paso mucho tiempo sentado sin hacer nada.

15. Se me da bien esperar pacientemente.

16. Con frecuencia me encuentro sin nada que hacer, con tiempo entre las manos.

17. En situaciones en las que tengo que esperar, como en una sala de espera o una cola, me siento impaciente e inquieto.

18. A menudo me levanto con una idea nueva.

19. Me resultaría difícil encontrar un trabajo que fuera lo bastante interesante para mí.

20. Me gustaría hacer cosas más desafiantes en la vida.

21. La mayoría de las veces pienso que hago cosas que están por debajo de mis capacidades.

22. Mucha gente diría que soy una persona creativa o imaginativa.

23. Tengo tantos intereses que no tengo tiempo de hacer todo.

24. Entre mis amigos, soy el más perseverante en aquello que emprende.

25. Excepto si estoy haciendo algo emocionante, casi peligroso, me siento como apagado, a medio gas.

26. Hace falta mucho cambio y variedad para mantenerme feliz.

27. Parece que en la tele y en el cine siempre pongan las mismas viejas y aburridas cosas.

28. Cuando era joven, siempre estaba involucrado en cosas monótonas y tediosas.

La puntuación media es de 99 y el rango medio está entre 81 y 117, de modo que, si usted ha tenido la curiosidad y paciencia de aplicarse el test y ha obtenido una puntuación superior a 117, es de los que se aburren con mucha facilidad y puede ser pasto de ludopatías, uso y abuso de drogas, locas carreras automovilísticas a media noche y sesiones de ruleta rusa con Colt 38 con altas apuestas de por medio. Solo por matar el tedio. Por el contrario, si usted ha puntuado menos de 81, es de los que se lo pasa la mar de entretenido viendo crecer las tomateras de su huerto en primavera.

Mis críticas iniciales a la prueba van en el sentido de que algunas de las preguntas son muy subjetivas. Hay que valorar en muchas de ellas cosas como: «necesito más estimulación que los demás para…», lo que nos puede llevar a relativizar demasiado el resultado dependiendo de las atribuciones que hacemos sobre las vidas de los demás. Pero, al fin y al cabo, ¿hay algo más subjetivo que el aburrimiento? De modo que, para tratar de ver la verosimilitud de la prueba, Martínez decidió aplicársela a sí mismo. No les diré el resultado por cortesía de confidencialidad, pero sí que les diré que la puntuación le emplazó en el lugar en el que él mismo, de manera intuitiva, se habría colocado. Doy, pues, de esta manera tan poco científica, plena validez al test y me atrevería a pronosticar los resultados que obtendrían Paterson, Julien Sorel, Fito Cabrales, St. John Philby, Emma Bovary, El Hijo Pródigo o Sancho Panza. Haga usted mismo la prueba, si gusta.

En un capítulo anterior he apuntado la meditación como una estrategia de evitación del aburrimiento. Y, por supuesto, la práctica de deporte o del *hobby*, el juego, la lectura, el espectáculo, y todas aquellas acciones a las que nos conduce la aparición de la alarma del tedio. El profesor de Harvard, Tal Ben Shadar, está especializado en filosofía positiva y es un experto en el concepto de felicidad, tema que despierta un enorme interés en esta época de deslustre de las relaciones humanas que nos ha tocado vivir. Para conseguir una vida razonablemente feliz, el profesor da los consabidos consejos de ejercicio físico, cultivo de las relaciones, atención al presente y a la resiliencia emocional al tiempo que introduce una sugerencia muy interesante: «el agradecimiento». Y añade que, así como la filosofía ha olvidado muy a menudo esta práctica, la religión siempre la ha tenido presente. De ahí, las ceremonias periódicas y las rutinarias oraciones en que los fieles muestran agradecimiento al creador o rector del universo por lo que se tiene y la esperanza de conseguir aquello de lo que se carece.

No se trata de ser conformistas, pero si damos las gracias por lo que tenemos, por la felicidad que esto nos proporciona, por «el pan nuestro de cada día», establecemos conexiones neuronales con la felicidad que nos ayudan a ser felices. Si en nuestro interior, cuando experimentamos el aburrimiento, mostramos agradecimiento, estableceremos esas conexiones neuronales que habrían de conjurar el mismo. ¿Y por qué deberíamos expresar agradecimiento por sentir el aburrimiento? Pues, bien: quizá habría que hacerlo porque estar aburrido significa:

1. Que no tengo hambre ni frío. Quien tiene hambre o frío se ocupa de solucionar el problema, no de aburrirse. Solo en los casos en que las necesidades básicas están cubiertas tiene el aburrimiento alguna opción de aparecer. Maslow explicó el asunto de la jerarquía de las necesidades humanas con una pirámide en la que en la base (necesidades primarias) se encuentran las necesidades fisiológicas de alimentación, hidratación y homeostasis (regulación de la temperatura y otras variables básicas del cuerpo). Solo cuando estas están cubiertas se dedica el individuo a cubrir las otras más sofisticadas de seguridad, sociales, estima y autorrealización (por ese orden).

2. Que no estoy exhausto, producto de un trabajo agotador, en cuyo caso, el simple descanso —y no el aburrimiento— resuelve el problema.

3. Que no me encuentro en mitad de una batalla bajo amenaza de ser herido y mutilado por la espada del sarraceno o del cruzado. El sable, el kalashnikov, el misil y el colt 47, cuando se les saca del estado de reposo, tienen la facultad de producir dolor y miedo, que son unos estupendos e indeseados antídotos contra el tedio.

4. Que no me persigue un león, ni siquiera un grupo de hinchas del equipo rival encolerizados, ya que esto abocaría gran cantidad de adrenalina (incompatible con el aburrimiento) en la corriente sanguínea.

5. Que no hay un señor de bata blanca que acaba de decirme que «es maligno», anuncio que tiene la facultad de matar el aburrimiento poniendo las neuronas a funcionar de manera vertiginosa en un intento de hacer un repaso de todo lo vivido y un incierto cálculo de cuánto queda por hacer, en cuánto tiempo y qué clase de tiempo.

6. Que no tengo el corazón roto por la ausencia de un ser querido.

Y de tantas otras situaciones poco deseables o directamente perniciosas que son incompatibles con el aburrimiento. Por todas estas cosas y otras que a ti, lector, te vendrán a la cabeza, la plegaria de agradecimiento por el tedio no deja de tener sentido.

136

Algunos, como hiciera Madame Bovary, culpan a su vida gris y poco glamurosa de ser la causa de su aburrimiento. Deberían de haber conocido a Andy Warhol. El artista norteamericano, rey de la noche neoyorquina de los 80, asiduo del Estudio 54 y de otros locales de moda de la ciudad, siempre rodeado de bellas, bellos y genios, reclamado en todas las fiestas y eventos como elemento necesario y suficiente del glamur y puente entre artistas, aristócratas y gente poderosa y pintoresca, declaraba en sus entrevistas estar muy aburrido. Es más, se declaraba entusiasta del aburrimiento: «Me encantan las cosas aburridas, lo cual no quiere decir que no me aburra con ellas (…) No me gusta ver las cosas que son "esencialmente" iguales sino "exactamente" iguales. Cuanto más las miro, más desprovistas quedan de sentido y mejor y más vacío te sientes». Parece que el neoyorquino ha sido uno de los pocos en expresar su «agradecimiento» al aburrimiento sin ningún tipo de cortapisas. A él le daba resultado. Y de paso le proporcionaba la coartada para repetir la cara de la rubia actriz o de la lata de sopa tantas veces como su propio tedio y el del espectador fuera capaz de digerir. Por si fallaba la imaginación.

IX ¿FELICES U OCUPADOS?

Hay dos catástrofes en la existencia: la primera, cuando nuestros deseos no son satisfechos. La segunda, cuando lo son.

GEORGE BERNARD SHAW

Es 31 de julio y ante ti se extiende un mes entero de vacaciones. ¿Cuál es tu sentimiento ante la sensación de «desaparecer» hasta el primero de septiembre?

   A) Siento una agradable sensación de euforia ante la infinitud del tiempo que tengo por delante sin obligación alguna.

   B) Por una parte, me apetece descansar, pero no sé si seré capaz de soportar el hecho de no ver a mis queridos clientes, pacientes o alumnos y gozar de las entretenidas reuniones con mis compañeros durante dos meses.

   C) Siento vértigo al «dolce far niente». Me gustaría que fuera septiembre de nuevo.

El trabajo ha estado siempre fuertemente vinculado con la experiencia del aburrimiento. En su doble vertiente: como causante y como solución. Conoce Martínez a un hombre, de unos sesenta y cinco, que lleva una eternidad quejándose de andar siempre aburrido hasta la depresión y tratándose médicamente por ello. Hablando con su médico, este le dijo que lo mejor que podría hacer el tipo para tratar de salir de su espiral de tristeza y malestar sería sacarse de una vez las manos de los bolsillos. Y es cierto. Siempre se le recuerda igual: con las manos en los bolsillos y arrastrando los pies. Por un problema médico u otro, el hombre, soltero y sin compromiso, fue dado como inhábil para el trabajo a una edad relativamente temprana y empezó a cobrar una módica pensión y, poco motivado por aficiones —especialmente las que implican agachar el lomo o hacer movimientos vigorosos—, fue disminuyendo su actividad hasta llegar a necesitar de asistencia para casi todo menos para aburrirse, cosa que hace con dedicación, destreza y considerable éxito.

¡Qué diferencia la del conocido de Martínez con el caso de Joe Bartley! El jovenzuelo Joe, de 89 años de edad, vive en un piso social de la localidad de Paigton, en el sureste de Inglaterra. Enviudó hace un par de años y su vida, como la de tantas otras personas de su edad, se convirtió en una especie de «confinamiento solitario», de modo que puso un anuncio en el periódico local que decía: «Se busca trabajo. Ciudadano mayor de 89 años busca empleo en la zona de Paington, 20 horas o más a la semana. Todavía soy capaz de limpiar, hacer trabajos de jardinería, reparaciones, cualquier cosa. Tengo referencias como soldado veterano en la fuerza aérea. ¡Salvadme de morir de aburrimiento!» Fue contratado por el restaurante *Cantina Kitchen and Bar* y se estrenó un domingo vistiendo el uniforme del local —sudadera gris con capucha— sirviendo postres entre los vítores de los clientes. «Todos parecen muy agradables y una dama que vino al café hasta me dio un beso. Antes, encerrado en mi piso, no veía a nadie en todo el día. Quería ver gente, estar con ella», relató con alborozo el diligente nonagenario mozalbete.

Para otros, en cambio, el trabajo es una fuente de aburrimiento y monotonía tal, que la hora de la jubilación se percibe como una liberación, un momento (haciendo honor a la etimología del término) de gran júbilo y regocijo. Esta circunstancia suele estar vinculada a la clase de trabajo que cada cual desarrolla. No he escuchado a actores de cine o teatro hablar de liberación cuando se les acaba el trabajo. Más bien al contrario: se aferran a su profesión y confiesan querer seguir en activo hasta el infinito y más allá. Su profesión les ofrece el estimulante aplauso del público, el agradable contacto con sus semejantes y el necesario fluir de adrenalina en sus venas para que no quepa el aburrimiento, al tiempo que mantiene sus neuronas en perfecto estado de revista. ¿Quién querría jubilarse si su trabajo consistiese en tocar el violín en una gran orquesta?, decía un amigo mío, profesor jubilado.

Y, ¿cuáles son los trabajos más aburridos, aquellos capaces de provocar el tedio en las personas más templadas y conformistas? Es imposible nombrarlos. Dependerá de las características psicológicas de cada individuo. Para tratar de determinarlo he preguntado al Aleph del Conocimiento Global (Google) y me ha respondido con 71.400.000 resultados en su página en inglés, que es (casi) lo mismo que no responderte, ya que, en ese número de ocurrencias, como en la Biblioteca de Babel, está todo. Y, al fin y al cabo, ¿existe alguna cosa que no aparezca en la primera página? La respuesta viene a ser la misma que la del problema filosófico ese al que se refieren todos los profesores de filosofía de Bachillerato: ¿hace ruido el árbol que cae en el bosque y no es escuchado por oído alguno? O la del enigma de *El gato de Schrödinger:* ¿está vivo, está muerto o está vivo y muerto, a la vez, dentro de la caja?

En primer lugar, deberíamos diferenciar entre lo que se ha dado en llamar *boreout* (síndrome del aburrimiento en el trabajo) y *burnout* (síndrome del «quemado»). El primero se refiere al aburrimiento puro y duro provocado por lo monótono y repetitivo o poco creativo de la labor, tema que nos ocupa, y el segundo por el cansancio y el desgaste producido por el estrés. A veces se solapan, otras se superponen y otras se

142

refieren a hechos completamente distintos. Para explicarse el concepto del *burnout* (síndrome del «quemado»), el veterano Martínez rememora un anuncio televisivo de décadas atrás en el que, para anunciar cierto complejo vitamínico, un hombre o una mujer se veían pequeñitos ante una inmensa pila de papeles y un teléfono gigantesco que los aplastaba.

Vigilante de parking, encargado del escáner de equipajes en el aeropuerto, telefonista… son trabajos en los que muchos de las clasificaciones coinciden en otorgar la etiqueta de aburridos. He escogido una de ellas, más o menos al azar, de uno de los periódicos del Reino Unido que me parece que coincidirá con el criterio de algunos (que no de todos) los lectores. La clasificación que proponen es: 1.- Guardia de seguridad (sobre todo del turno nocturno). 2.- Director de oficina bancaria (por lo tedioso de cuadrar las cuentas a diario). 3.- Introductor de datos (en grandes bases de datos, se entiende). 4.- Contable. 5.- Niñera. 6.- Lavaplatos. 7.- Camionero. 8. Limpieza. 9.- Colector de basura. 10.- Maestro.

Hay otras. La empresa Statista, especialista en estadísticas de empleo y otros parámetros sociales y laborales, ha elaborado una encuesta a 1300 profesionales de 14 sectores en diez países que dan el resultado siguiente:

Los apartados, en mi opinión, son demasiado generales y quizá muy restringido al mundo del trabajo «de oficina». Dentro del campo jurídico, ingeniería, o enseñanza, por ejemplo, hay niveles y puestos. No es lo mismo un profesor universitario que un maestro de infantil, por poner un ejemplo. Ni las tareas, ni las horas, ni las responsabilidades tienen mucho que ver. Lo mismo podríamos decir del apartado Ventas, Nivel ejecutivo, etc.

En cuanto a los países, en el marco de este mismo estudio, Emiratos Árabes Unidos, con un 81% de empleados aburridos, encabeza el ranking, empatado con Italia (quizá porque, con la crisis, los italianos han tenido que trabajar en cualquier puesto disponible). España, con un 68% de empleados que se declaran aburridos en sus puestos de trabajo se mantiene en un término medio. Los suizos, con un 51%, son los que se confiesan sentirse menos aburridos trabajando. No se aclara si es porque las condiciones laborales del país son excelentes o porque el tiempo de ocio de los suizos no es que sea tampoco la alegría de la huerta, lo que minimizaría el contraste.

Las soluciones que proponen los trabajadores en la misma encuesta tampoco causan sorpresa alguna. Los empleados apuntan que la estabilidad familiar (61%), el ejercicio físico (59%), tener un hobby (57%), disfrutar de (suficientes) vacaciones (47%), menor presión laboral (43%), no tomarse el trabajo tan en serio (33%) y tener compañeros agradables (26%) ayuda, y mucho, a mantener a raya tanto el *boreout* del «aburrido» como el *burnout* del «quemado».

Paul Lafargue es el autor del panfleto *El derecho a la pereza* (1883), opúsculo irónico que contraargumenta la obra *El derecho al trabajo*, entendiendo el trabajo industrial de la época como el método de explotación capitalista de las clases trabajadoras. Y es que Lafargue era nada menos que yerno de Carlos Marx al estar casado con Laura, una de las hijas del filósofo y economista judío-alemán. Un estatus nada cómodo, el de ser yerno de un coloso de la historia como Marx, intuyo. Y menos para alguien que había nacido en Cuba, hijo de un francés, dueño de un ingenio azucarero, y una mulata dominicana. Aunque había sido educado en Francia desde su edad juvenil, los orígenes tropicales de Lafargue despertaron las suspicacias del teórico del socialismo, que le advirtió por carta: «A mi juicio, el amor verdadero se manifiesta en la reserva, la modestia, e incluso la timidez del amante ante su ídolo, y no en la libertad de la pasión y las manifestaciones de una familiaridad precoz. Si usted defiende su temperamento criollo, es mi deber interponer mi razón entre ese temperamento y mi hija (…)».

Esto, en cuanto a la posible fogosidad del temperamento sureño del pretendiente. Pero esa no era la única preocupación de Marx acerca de las pretensiones del franco-cubano-español. Como cualquier padre de la época victoriana también estaba preocupado por otro asunto que chirría algo más en el más grande mito de los revolucionarios y que expone en la misma carta: «Antes de establecer sus relaciones con Laura necesito serias explicaciones sobre su situación económica». A continuación, añade que no quiere para su hija las estrecheces que había tenido que soportar su mujer debido a su acción revolucionaria.

Al final, triunfó el amor y se casaron. La condición económica del criollo era sólida gracias a las rentas de los ingenios azucareros familiares de ultramar y, por lo que respecta a sus presuntas fogosidades criollas, no parece que hubiera queja alguna por Laura Lafargue *(née* Marx*)*. Paul y Laura vivieron juntos el resto de sus vidas. Hasta una tarde de finales de noviembre de 1911 en que ambos se suicidaron, de manera anunciada y planeada, en su casa de las afueras de París administrándose sendas inyecciones de ácido cianhídrico. Paul Lafargue había puesto de manifiesto su negativa a sufrir el deterioro de la vejez y el hecho de convertirse en una carga para sí mismo y para los demás. Tenía 69 años. Seguramente la pérdida de todos sus hijos, que murieron de pequeños, fue una de las causas que les condujo a la especie de desmoralización que se apoderó de ellos en la última etapa de sus vidas, aunque hay quien apunta, con maledicencia, que el suicidio planeado vino a coincidir con el momento en que se les acababa la herencia que Laura había recibido de Engels.

De la misma manera que el derecho a la pereza se puede ver como una refutación al derecho al trabajo (al trabajo deshumanizador de la industria decimonónica), el derecho al aburrimiento puede interpretarse como la refutación del derecho a la diversión, o, más bien, a la *obligación de la diversión*, que en el contexto de la sociedad capitalista y de culto a la imagen personal en que vivimos se puede entender como una invitación permanente y acuciante al consumo y al despilfarro. De ahí que el vecino de Martínez hace unos años, pidiera prestado al banco —o para ser más exactos, el banco le ofreció, cuando renegoció el crédito hipotecario (cosa que él aceptó encantado)— aquel dinero que fue incapaz de devolver cuando llegó la crisis y que finalmente significó el embargo de su vivienda y la vuelta, esta vez con su familia, a la casa del padre. ¡Ay, si hubiese seguido la máxima de Pascal cuando decía aquello de que los males del hombre acabarían si este fuera capaz de permanecer tranquilo en una habitación! Pues no. Hubo que ir allí, al otro lado del Atlántico a hacerse unos *selfies* poniendo cara sonriente mientras se aburría con un cóctel con sombrillita dentro de la piscina y organizar aquellas fastuosas y ruinosas comuniones de los chicos.

En un capítulo anterior aludo a la práctica continuada de «matar el tiempo» como una mala estrategia psicológica de paliar el aburrimiento. Al fin y al cabo, el tiempo es lo único que tenemos. La vida se compone exclusivamente de tiempo y la vida humana, en su dimensión metafísica, no es sino la percepción de que este está transcurriendo. De ahí, la crítica del pragmático Martínez a la creencia oriental de la reencarnación: si no hay consciencia ni memoria de ese otro tiempo anterior, ¿qué sentido tiene tal creencia? Hoy, la falta de tiempo, entendiendo este como «tiempo libre», enriquecedor y creativo, empieza a considerarse como una nueva forma de pobreza. Hay pobres de dinero y los hay de tiempo. Algunos lo son en todo: en recursos financieros y en tiempo libre, viniendo a menudo juntas ambas circunstancias por la necesidad de invertir el tiempo en obtener los recursos necesarios para vivir. La pobreza de tiempo está más extendida entre las mujeres, ya que estas suelen asumir más cargas familiares y domésticas que los hombres y las mismas exigencias laborales y se da más en personas de entre 30 y 60 años, época en la que, en muchos casos, a la máxima exigencia laboral se añaden las cargas familiares que suponen los hijos y a veces el cuidado y la atención de unos envejecidos padres. Todas estas obligaciones, en principio positivas, al acumularse, no hacen sino consumir la práctica totalidad del tiempo, generando tedioso cansancio al no dejar margen para el uso creativo del mismo.

Es cierto que los avances tecnológicos de la informática y la robótica han descargado de gran cantidad de tareas tediosas al ser humano, pero también lo es que, desde el advenimiento de la revolución digital que conlleva el extendido uso de Internet, las grandes empresas han trasladado muchas tareas al resignado ciudadano, labores que antes hacían sus asalariados. Hoy en día, a menudo, uno tiene que montarse sus propios muebles, comprar sus billetes de tren y de avión, obtener la tarjeta de embarque en una maquinita del aeropuerto, reservar el alojamiento hotelero y efectuar en el cajero automático del banco, cuando no en el propio ordenador, complicados trámites bancarios que antes hacía un empleado. Las empresas cuentan hoy, para alivio de sus balances, con esta «inversión gratuita» de los usuarios y el consiguiente ahorro en contratación de personal, trasladando, eso sí, una carga de trabajo adicional al ciudadano que tiene que pasar incontables horas al año ejercitando tareas que antes hacían operarios adiestrados. A ello hay que añadir el tiempo de aprendizaje y familiarización con los entornos digitales, diseñados muchos de ellos por las empresas con el pérfido propósito de equivocar al usuario para que consuma más en vez de para obtener el servicio o producto con facilidad y eficacia. Véase sino la página de esa línea aérea de bajo coste de la que es tan complicado salir con la compra del billete sin haber adquirido en el envite el embarque preferente, la elección del asiento, la reserva de un coche o la compra de una maleta, paquete completo con que acabó el Jubilado Martínez —además de con un considerable cabreo— cierta vez en que adquirió un billete en tan taimado dominio.

La apología de la pereza con la que nos obsequió el yerno de Marx parece que no ha prendido en grandes grupos de población del extremo oriente, en donde el trabajo adopta una posición tan trascendental en la vida de las personas que puede llegar a provocar la muerte por exceso. En Japón le han puesto nombre: *karoshi*, que literalmente significa «muerte por exceso de trabajo», desenlace que suele sobrevenir por medio de derrames cerebrales o ataques cardíacos. El Ministerio de Sanidad de Japón reconoció esta causa de muerte en 1987 (aproximadamente, dos siglos después de la publicación de *El derecho a la pereza*) dado el número de casos flagrantes, y si un juez determina que la muerte se produce por *karoshi,* la familia recibe una compensación equivalente a unos 20.000 dólares por parte del gobierno y una alta indemnización por parte de la compañía —en caso de ser empleado—, aunque la resolución no se pronuncia a la ligera. Para que se dicte una sentencia en ese sentido, el trabajador debe haber hecho, al menos, 100 horas extra el mes anterior al ataque o 80 en dos o más meses consecutivos en el último medio año. Si a estas pavorosas condiciones laborales añadimos las largas horas de desplazamientos que deben hacer los ciudadanos en las inmensas áreas urbanas como Tokio u Osaka para ir de sus casas al trabajo, nos podemos hacer una idea del problema. El mismo síndrome se da en Corea, donde le llaman *gwarosa* y en China, en donde se le conoce con el nombre de *guaulaosi.*

Si bien es cierto que el trabajo es un excelente remedio para luchar contra el aburrimiento, tal y como ya entendió San Benito cuando diseñó la Regla Benedictina del *ora et labora*, el exceso de este —ya sea este impuesto por la empresa contratante, por las circunstancias económicas o por la misma disposición de *laboradicción* del trabajador— puede tener consecuencias fatales.

X. EL ABURRIMIENTO Y EL CONFORT

"No podían creer que alguien pudiera correr tanto sin un motivo especial. Tenía ganas de correr. Mamá siempre decía que tienes que dejar atrás el pasado antes de seguir adelante. Creo que fue por eso por lo que corrí tanto.

FORREST GUMP

Es domingo por la tarde. Estás tranquilamente en tu casa viendo en la televisión aquella película que se te pasó cuando estuvo de estreno y siempre has tenido ganas de ver. Ante la inminencia de la llegada del lunes, ¿qué sientes?

A) *Me gustaría que mañana fuera sábado de nuevo.*

B) *Indiferente. Por una parte, tengo ganas de que llegue el lunes y poder seguir disfrutando de la alegre e interesante compañía de los colegas del curro y el caluroso afecto del jefe y, por otra parte, no.*

C) *Estoy impaciente por que sea lunes de nuevo. Todos los días deberían serlo.*

Un belga se despide un día de su mujer a la puerta de su casa, se carga la mochila al hombro y, sin mirar atrás, comienza a andar los 1800 km. que le separan de Santiago de Compostela. La empresa le llevará unos dos meses y medio, en los que tendrá que soportar enormes soledades, ampollas en los pies, fríos matinales, solanas implacables, aguaceros y quizá alguna noche al raso o el acoso de algún perro furioso; incomodidades y peligros que sufrirá de buen grado al tiempo que transporta un fardo de ocho kilos a la espalda en el que lleva «todo» lo que necesitará durante un par de meses. Detrás deja, temporalmente, una casa cómoda climatizada, wifi, pantalla de muchas pulgadas, Netflix y una nutrida biblioteca: el sueño de tantos millones de personas de muchos lugares del planeta. Y lo más chocante de todo: nadie le obliga a hacerlo. Por el contrario, el hombre ha tenido que vencer la resistencia de su mujer, que había tratado de disuadirle del empeño sugiriéndole alternativas más cómodas y seguras, y el altanero y hasta sarcástico escepticismo de los hijos que veían la aventura como egoísta e innecesaria. ¿Cuál es, pues, la motivación del empecinado belga para acometer tan descabellada singladura, siendo que —para más inri— la condición religiosa es inexistente dado que nuestro hombre es ateo? El aburrimiento. Nada más que la lucha sorda y tenaz contra el paso inane del tiempo, contra el tictac de un reloj implacable que le dice que cada día es uno menos y que las idas y venidas al supermercado, la atemperada y cordial relación con su mujer, el visionado de sus series favoritas y la ocasional visita al pub con los amigos no son material suficiente para llenar una vida, aunque se trate de la de un belga. Por muy caliente y cómodo que se encuentre en su casa, pertrechado con esa manta sobre las piernas de tacto tan suave que le regalaron los hijos por Navidad. De algún modo, intuye que, ahí afuera, andando bajo la lluvia, sobre el rocío de la mañana, en la soledad del silencio del bosque, en la incomodidad de los camastros de los albergues al arrullo de los ronquidos inmisericordes de desconocidos, encontrará los argumentos liberadores del tedio. De la misma manera que en la película *Everest*, en la que se narra una expedición desastrosa a la montaña más alta de la Tierra, uno de los escaladores cuenta a los demás que es la huída de la tela negra del aburrimiento lo que le hace dejar temporalmente cálida vida familiar y hacienda para embarcarse en una incómoda aventura, tan incierta que acabó en tragedia, con la mayoría de los expedicionarios muertos y otros severamente mutilados.

Cuando la llamada del viaje sin propósito definido es poderosa hasta la patología se la conoce en nuestro idioma como dromomanía. Dromomaníaco sería, pues, Forrest Gump, cuando se lanzó a cruzar los Estados Unidos de punta a punta sin más propósito que hacerlo, hazaña emulada por el británico Robert Pope —este, un personaje real—, que ha cruzado el país de costa a costa tres veces partiendo de Mobile (Alabama), de donde se supone que lo hace Gump en la ficción. O como el estadounidense Matt Green, que lleva 2.500 días recorriendo a pie los 12.874 kilómetros que suman todas las calles de los cinco distritos de la ciudad de Nueva York, que duerme invitado por amigos y conocidos, que anda entre siete y nueve kilómetros todos los días y que dice sobrevivir con unos quince dólares diarios. O el viejo sueco que saltó por la ventana y se largó el día que cumplía cien años, el trotamundos que sale a comprar tabaco y desaparece durante años y, cómo no, nuestro Quijote, que, con su bacinilla, lanza y flaco corcel se lanza al camino. Aunque este sí tenía un propósito. Disparatado y alocado, pero propósito, al fin y al cabo.

Una forma pura, aunque quizá menos lunática (al menos en apariencia), de dromomanía, nos la propone el personaje, también ficticio, de Ryan Bingham. El nombre quizá no les diga nada, pero si les aclaro que lo interpretó George Clooney en la estupenda película *Up in the Air,* muchos sabrán de qué estamos hablando. El film está basado en la novela homónima de Walter Kirn. El personaje principal (Bingham-George Clooney) vive en los aviones. Viaja constantemente de una parte a otra de los Estados Unidos arrastrando una maleta de cabina como único equipaje, de avión en avión, de coche de alquiler en coche de alquiler y de habitación de hotel en habitación de hotel. Como él dice: «el año pasado pasé 322 días de acá para allá. Lo que significa que pasé 43 asquerosos días en casa». Su gran objetivo en la vida, quizá el único, es conseguir la tarjeta de viajero habitual con más de diez millones de millas, lo que solo habían conseguido seis personas antes.

Trabaja para una empresa de recursos humanos que bajo el eufemístico epígrafe de "Asesoramiento en Reconversión Profesional" (*Career Transition Counseling*) se dedica a despedir a personas por encargo de otras empresas que subcontratan cobardemente el mal trago. Eso, y dar charlas motivacionales a ejecutivos bajo el título de *What's in your Backpack* (*Qué llevas en tu mochila*) en las que explica los beneficios de viajar ligero y las virtudes de llevar una vida libre de cargas tanto materiales como de relaciones. En un momento de la historia el personaje parece (o intenta, al menos) querer salirse de la dinámica del viaje continuo pero cierto desengaño amoroso propiciado por una cierta deslealtad (relaciones humanas, de las que siempre había predicado alejarse) le disuade de estabilizarse y poner los pies en tierra. Al final consigue el estatus de viajero frecuente de platino al obtener la increíble cifra de los diez millones de millas. A mitad de vuelo, sale el comandante de la cabina para felicitarle y celebrar el extraordinario acontecimiento y le pregunta de dónde es, a lo que Bingham responde: «de aquí».

Como él mismo dice en su poética y acre alocución de la escena final:

Esta noche, a casi todos los recibirán en casa perros saltando y niños chillando. Sus esposas les preguntarán qué tal ha ido el día y esta noche dormirán. Las estrellas saldrán de sus escondrijos diurnos; y una de esas luces, ligeramente más brillante que las demás, será la punta del ala de mi avión, volando sobre sus cabezas.

Desde que Martínez vio la película, siempre que sale al balcón de su apartamento playero, en las noches de verano, mira al cielo. Y cada lucecita intermitente que recorre parpadeante el espacio le trae a la memoria al personaje de Bingham-Clooney, da un sorbo a su gin-tonic y brinda por él.

En el inicio de su —por ahora— última novela, *Más allá del invierno*, Isabel Allende nos presenta a la protagonista de la historia, Lucía Maraz, chilena, de 62 años, que se encuentra en Brooklyn (Nueva York) cumpliendo con un contrato de seis meses como profesora visitante en la Universidad de Nueva York, en Manhattan. Allí, instalada en un sótano de Prospect Heights, «una covacha de cemento y ladrillos», nos da cuenta de sus condiciones durante una de las crudas tormentas de nieve que visitan la costa Este, año sí y otro también:

A un metro bajo el nivel de la calle y con mala calefacción, la nieve era una pesadilla. Los vidrios escarchados impedían el paso de luz por las pequeñas ventanas y en el interior reinaba una penumbra apenas atenuada por las bombillas desnudas que colgaban del techo. La vivienda contaba solo con lo esencial, una mezcolanza de muebles destartalados de segunda o tercera mano y unos cuantos cacharros de cocina. Al dueño, Richard Bowmaster, no le interesaba ni la decoración ni la comodidad.

Lucía, con la sola compañía de Marcelo, un chihuahua, pasó los días de la tormenta recluida en su agujero de Brooklyn viendo la televisión, leyendo y preparando sus clases, vistiendo guantes y gorro hasta que las condiciones fueron lo suficientemente amables como para aventurarse al exterior y poder reiniciar la vida normal y el roce con el resto de los humanos.

Una amiga de Martínez, de edad similar a la del personaje de Isabel Allende, le confesó la nostalgia que le produjo la situación de la protagonista al empezar la novela y la paradoja que supone para una persona que vive acompañada en una casa confortable de un lugar soleado junto al Mediterráneo y con cierta posición social y laboral pueda sentir sana envidia por alguien de su misma edad y condición que pasa el invierno en soledad en un sótano de Brooklyn con mala calefacción y muebles de segunda mano. «Será —dijo la amiga— nostalgia de los años que pasé en mi juventud en el extranjero con distintas becas y asignaciones, años de superación de dificultades y de puro aprendizaje; aprendizaje de las lenguas, las costumbres y hasta del clima. Tiempos en los que cada día suponía un nuevo reto: una entrevista que superar en un idioma en el que uno se expresa regular y entiende la mitad de lo que le dicen o una reunión de amigos en la que una es "la extranjera"».

¿Y cómo se sentía Lucía en su mal acondicionado sótano neoyorquino? ¿Aburrida? ¿Deprimida, quizá, por su situación de «sola» en la vida en situación de enclaustramiento obligado por las condiciones climatológicas y vitales? Nada de eso:

> En las primeras semanas, cuando le pesaba la decisión de haberse ido de Chile, donde, al menos, podía reírse en español, se consolaba con la certeza de que todo cambia. Cualquier desdicha de un día sería historia antigua el día siguiente

Y continúa:

> Agradecía su suerte. Se dio cuenta de que se sentía a sus anchas viviendo en el inhóspito agujero de Prospect Heights, que, después de todo, no estaba tan mal (...). Tarde o temprano volvería a Chile a acabar sus días, pero para eso faltaba bastante (...). Pensaba aprovechar bien los años de salud que le quedaban antes de ser derrotada por la decrepitud. Quería vivir en el extranjero, donde los desafíos cotidianos le mantenían la mente ocupada y el corazón en relativa calma, porque en Chile le aplastaba el

peso de lo conocido, de las rutinas y limitaciones. Allí se sentía condenada a ser una vieja sola acosada por malos recuerdos inútiles, mientras que fuera podría haber sorpresas y oportunidades.

En ocasiones, tal como decía la madre de Forrest Gump, para poder seguir adelante hay que dejar atrás el pasado; y correr puede ser un buen método de hacerlo. Comprarse un billete de avión a Brooklyn también. Para Lucía, los desafíos cotidianos —la precariedad del alojamiento y la distancia de uno mismo que puede suponer el tener que reírse en inglés— constituyen una manera de romper con el pasado para poner una cara nueva al futuro y, también, un eficaz antídoto contra el aburrimiento.

XI. ¡JO, QUÉ ABURRIMIENTO!

*Después de la de conservarse, la primera y más poderosa
pasión del hombre es la de no hacer nada*

J.J. ROUSSEAU

El día más aburrido de mi vida fue:

A) *El día en que España ganó el Mundial de fútbol. ¿O fue
la Eurocopa?*

B) *El día en que España ganó la Eurocopa de fútbol. ¿O
fue el Mundial?*

C) *El día en el que cierto tenista español ganó el
quincuagésimo octavo título de Roland Garros, para
desesperación y hartazgo de los franceses.*

D) *El día en el que el Congreso desestimó la ley por la que
el tiempo de monaguillo contabilizara como servicios
laborales a efectos de jubilación.*

En un capítulo anterior señalo que John Eastwood, profesor
de psicología en una universidad canadiense, ha definido el
aburrimiento como «…esa experiencia desagradable de querer
involucrarse (sin conseguirlo) en una actividad que resulte
satisfactoria». Para Eastwood, «no es un buen sentimiento, no
otorga una visión agradable de uno mismo, por lo que sentimos
una especie de urgencia por superarlo, a menudo de un modo

contraproducente que lleva a la gente a asumir comportamientos autodestructivos como la ludopatía, el alcoholismo o los trastornos alimentarios».

Algunos gobernantes se aburren y cometen tonterías de consecuencias imprevisibles iniciando guerras u otras absurdas aventuras, en ocasiones, afortunadamente incruentas. El Primer Ministro David Cameron, cansado y aburrido de la molesta letanía de quienes querían romper con Europa dentro de su propio partido, decidió un día llamar al pueblo británico a manifestarse sobre el particular en referéndum. Sin necesidad alguna ni nadie que se lo requiriese. El Reino Unido funcionaba razonablemente bien. El nivel de paro era inferior al de la mayoría de los países del entorno y la renta aumentaba más que en otros. Si la inmigración a la que el país estaba expuesto era para algunos un problema molesto, lo cierto es que solventaba la necesidad de mano de obra de una nación en la que los servicios están prácticamente en manos extranjeras. Había problemas, sí, como el desequilibrio norte-sur —en beneficio de Londres y los condados limítrofes, conocidos como los *home counties*—. Había otros problemas, como las diferencias de renta entre el campo y la ciudad (Londres, en particular), sociales y generacionales que había que acometer. Por el contrario, el Primer Ministro convocó al pueblo a que se manifestara en un tema que él creía ganado, como hizo con el de Escocia. Lo perdió. Las diferencias norte-sur se agrandaron: el Norte votó quedarse y el Sur salir. Las diferencias generacionales aumentaron: los jóvenes votaron quedarse y los viejos irse. Las diferencias campo-ciudad se magnificaron: el mundo rural votó la salida de la Unión y Londres y otras grandes áreas urbanas la permanencia. Escocia e Irlanda del Norte votaron una cosa e Inglaterra otra. En definitiva, se logró la fractura en dos mitades en todos y cada uno de los parámetros nacionales convirtiendo el remedio en la enfermedad. Sin necesidad alguna, solo por matar el aburrimiento de una vida institucional plácida.

Cierta región española por la que Martínez siempre ha profesado un grado notable de admiración y respeto, con lengua y cultura propias y marcada personalidad, decidió, por razones similares al Reino Unido, y partiendo de una posición de prosperidad y convivencia envidiables, lanzarse a una aventura independentista con resultados (por el momento) igualmente inciertos o aún más perjudiciales que los de los británicos, en términos de ruptura de la convivencia y atentado al tejido económico e institucional.

La diversidad de la investigación académica es inabarcable y como muestra, un botón. Unos investigadores han identificado el día más aburrido de la historia reciente: se trata del 11 de abril de 1954, Domingo de Ramos. Según los autores del estudio, llevado a cabo en la Universidad de Cambridge, ese día no pasó nada, o casi nada. Unas elecciones generales en Bélgica cuyos resultados no se conocieron hasta el día siguiente y el nacimiento de cierto académico turco de nombre Abdullah Atalar. No hubo descarrilamientos de trenes ni proclamaciones de nuevas repúblicas en el mundo ni, al parecer, nació ni murió nadie digno de mención aparte del insigne turco que casi nadie, fuera de su país, conoce. Para obtener tan preciado galardón, la fecha tuvo que luchar denodadamente con un cierto 18 de abril (otro día del mismo mes primaveral) de 1930 en que pareció ocurrir tan poca cosa que el noticiario de las 6.30 horas de la BBC comenzó con el comentario: «No hay noticias». Para determinarlo, William Tunstall-Pedoe y su equipo de investigadores, autores del proyecto *True Knowledge* (*Conocimiento verdadero*) explican que se necesitó el manejo de más de 300 millones de datos sobre personas, lugares y eventos para que el complejo algoritmo llegara a tan peregrina conclusión. Y esto, en el plano global. En una parte significativa de España fue un domingo lluvioso, lo que provocó la suspensión de muchas procesiones y Franco asistió, como era previsible, a la de las palmas de El Pardo; el Barça goleó y el Madrid perdió su partido contra el Celta poniendo en peligro su liderazgo en una Liga que al final ganó. En definitiva, un Domingo de Ramos desapacible e intrascendente.

A pesar de la seria candidatura de abril, el mes más aburrido del año es, según los especialistas, enero; mes frío en el hemisferio norte y en el que la población está rascándose el bolsillo, curándose la resaca de los excesos navideños y tratando de poner en práctica los nuevos y voluntariosos hábitos impuestos la noche de las uvas.

La autora Sandi Mann, en su libro *El arte de saber aburrirse,* incluye alguna que otra curiosa aportación a propósito del tema, como es el del ranking de los museos más aburridos. No sé exactamente cuál es la fuente de tan peculiar recolección, pero, por si les sirve de algo, ahí va la clasificación:

- Museo Británico de la Cortadora de Césped, Southport, Merseyside, Reino Unido.

- Museo del Collar del Perro, castillo de Leeds, Maidstone, Kent, Reino Unido.

- Museo del Lápiz, Keswick, Cumbria, Reino Unido.

- La Casa del Cerrajero, Willenhall, West Midlands, Reino Unido.

- Museo del Edredón, York, Reino Unido.

- Museo de la Baquelita, Williton, Somerset, Reino Unido.

- Museo de la Asociación Óptica Británica.

- Museo de la carne enlatada Spam, Austin, Minnesota, Estados Unidos.

- Museo del Corcho, Palafrugell, Girona, España.

- Museum Cemento Rezola, San Sebastián, España.

- Museo del Salero y del Pimentero, Gatlinburg, Tennessee, Estados Unidos.

- Museo del Papel Pintado, Rixheim, Francia.

- Museo del Pelo de Avanos, Capadocia, Turquía.

- Museo de las Alcantarillas de París, Quai d'Orsay, París, Francia.

- Museo del Jabón, Sidón, Líbano.

- Museo de la Catana, Tokio, Japón.

- Museo de Etnografía, Ankara, Turquía.

- Museo de las Conchas de la India, Tamil Nadu, India.

Desconozco los criterios que manejaron los autores de tan excéntrica clasificación de la que la autora se hizo eco, pero no me digan que no es estupenda. No creo que nadie en su sano juicio, ni siquiera el pragmático Martínez, pase por un lugar en el que haya un cartel que ponga *Museo del Collar del Perro* o *Museo del Salero y del Pimentero* y se pueda resistir al impulso de entrar en anticipación de un rato de auténtica y genuina diversión. Yo, por mi parte, lamento no haber estado nunca en Maidstone, Reino Unido, ni en Gatlinburg, Tennessee, pero si alguna vez el destino me lleva por esos lugares, no dejaré de visitar esos templos de esparcimiento, cultura y sana diversión. Lo prometo.

Es muy difícil cuantificar lo aburridos que pueden ser los lugares, las ciudades o los países. Se puede, eso sí, evaluar todo lo objetivable, como la cantidad y calidad de oferta cultural, deportiva y festiva en general, así como la valoración —esto ya es menos objetivo— de los hábitos sociales de la población, como la afición a salir de copas, de vinos, al cine o al teatro. Esta estimación nos dará una serie de parámetros de lo «divertida» o, más bien, «animada» de la vida de un lugar, aunque siempre quedará sin desvelar lo que de verdad ocurre al otro lado de las opacas paredes tras las que se ocultan sus habitantes. Pero, comoquiera que hay *rankings* para todo, he barrido el internet tratando de desvelar la identidad de los lugares más aburridos en el panorama global. Aunque la lista varía de unas fuentes a otras, una de las ciudades que suele aparecer en todos los registros es Bruselas, (por alguna razón, la capital belga aparece como uno de los lugares más aburridos del mundo a pesar de ofrecer una oferta cultural considerable). Eso sí, Charleroi, también en Bélgica, le gana en cuanto a lugar tedioso, pero eso ya es menos destacable en la medida en que se trata de un lúgubre municipio industrial y de mucho menor tamaño que la cosmopolita y rutilante capital en la que reside Tintín.

Sabemos que Tintín es ciudadano de Bruselas porque lo era George Remi (Hergé), su creador, y porque en uno de sus álbumes *(El loto azul)*, su amigo chino Tchang le envía desde Hong Kong una postal con la dirección: «*para el señor Tintin. Bruselas, Bélgica*», (se supone que le llegó el envío, dada la popularidad del personaje, al que De Gaulle le concedió el honor de disputarle el podio de la popularidad, como John Lennon hiciera con Jesús de Nazaret). Sabemos también que habita en el ficticio número 26 de la *rue Labrador* de una ciudad indeterminada, pero la verdad es que el autor da pocas pistas en sus historietas de su lugar de residencia, y estas, irrelevantes para la historia: unas pocas viñetas en su anodino apartamento y una excursión a un mercadillo callejero, nada explícito en cuanto a su localización, en donde adquiere la maqueta de un barco que dará lugar a la aventura de Rackham el Rojo. Después cambiaría su residencia al más pintoresco castillo de Moulinsart, propiedad de su amigo Haddock, en un lugar indeterminado de la campiña francesa o valona. Lo cierto es que el extraño reportero de cara aniñada que nunca escribe ni se le ha visto por redacción de periódico alguna, y sus no menos extravagantes amigos (un capitán excéntrico y borrachín —maestro indiscutible del insulto—, un par de hermanos policías —cómicos en su inutilidad—, un científico disparatado y sordo y una cantante de ópera de ficción, que detenta un extraordinario parecido con otra catalana del mundo real fallecida no hace mucho —en donde se da el curioso caso de que el personaje real parece ser la copia del de ficción—), constituyen una divertida y aventurera pandilla que tiene la cualidad de vivir alejada del aburrimiento.

La curiosa banda de deliciosos inadaptados (o frikis, como el público gusta de llamarlos hoy en día) protagonizan innumerables aventuras divertidas, pero, eso sí, se cuidan muy mucho de que todas ocurran lejos de una Bruselas anterior a convertirse en la capital de Europa y a la que su autor parece que no consideraba marco creíble para sus excitantes y arriesgadas correrías. Estas ocurren en lugares lejanos como El Congo, Tíbet, Egipto, Australia, el Medio Oeste Americano o América del Sur, en países imaginarios como Syldavia o en otros lugares europeos como la campiña francesa o Escocia. Hasta la Luna parece ser un lugar más propicio a la aventura —y a la diversión— que la gris Bruselas.

Zúrich, reflejo de la pasión por el orden de los suizos, suele acompañar a Bruselas en el podio europeo del aburrimiento. Dos capitales modernas y construidas *ad hoc,* Canberra en Australia y Brasilia en Brasil, tienen fama de muermos, lo que resulta sorprendente en el caso de Brasilia, capital de un país con tan grande afición al baile desaforado y a la carne semidesnuda. Yakutsk, en la Siberia rusa, también aparece en todas las listas, circunstancia nada sorprendente si tenemos en cuenta que en invierno se dan temperaturas de -60º, lo que hace preguntarnos, no ya cómo se divierten, sino, incluso, cómo sobreviven. Otros lugares con "déficit reputacional" (con perdón) en el asunto del jolgorio son Pyongyang (Corea del Norte), por razones obvias, y Monterrey, de México y Comodoro Rivadavia, de Argentina, por razones que a Martínez y a mí se nos escapan y que tú, lector, seguramente más viajado, quizá conozcas o intuyas. Osaka, en Japón, es una de las urbes más seguras del mundo y el nivel de vida es elevado, dado el alto nivel de competencia industrial y financiera. Sin embargo, tampoco tiene buena fama en lo que a diversión se refiere. A Dublín, en Irlanda, se le achaca el hecho de ofrecer bares y poco más, lo que la convierte en una ciudad poco atractiva para el visitante, al que, supuestamente, casi no le queda otra que beber pintas y escuchar a los músicos callejeros. En Escocia, el municipio de Dull («soso», en inglés) está hermanado con el de Boring («aburrido») de Oregon, EEUU, y juntos llevan a cabo unos encuentros de cuando en cuando que, según los asistentes, resultan la mar de divertidos. O eso dicen.

Suiza, junto con Bélgica, es un país que, quizá por su obsesión con el orden y su espíritu calvinista, tiene la reputación de ser un país aburrido. Eso y los precios. Su alto nivel de vida hace que los precios de las distracciones y la bebida sean tan altos que resultan prohibitivos para gran número de ciudadanos extranjeros que en muchos casos se tienen que limitar a admirar el precioso paisaje de montaña del país alpino. Suiza representa el (deseable) aburrimiento de la estabilidad contra la creatividad del caos. En la película de Carol Reed *El tercer hombre*, basada en la novela homónima de Graham Greene —autor también del guión—, Harry Lime (Orson Welles) se lo explica a Holly Martens (Joseph Cotten) de manera convincente con su famoso párrafo:

> Recuerda lo que dijo no sé quién: en Italia, en treinta años de dominación de los Borgia hubo guerras, matanzas, asesinatos... Pero también Miguel Ángel, Leonardo y el Renacimiento. En Suiza, por el contrario, tuvieron quinientos años de amor, democracia y paz. ¿Y cuál fue el resultado? ¡El reloj de cuco!

En opinión del Jubilado Martínez, Greene, Harry Lime u Orson Welles (que viene a ser lo mismo) olvidó incluir a

Guillermo Tell como la otra gran aportación suiza a la humanidad. La historia del famoso cazador del cantón de Uri había sido lectura prominente en la época escolar de Martínez, en especial el episodio que protagonizó en la plaza de Altdorf, cuando, en compañía de su hijo, se negó a agachar la cabeza ante el sombrero que simbolizaba al soberano de la Casa de Habsburgo. El gobernador, Hermann Gessler, encolerizado, forzó al suizo a probar su puntería disparando a una manzana colocada sobre la cabeza de su hijo, a cien pasos de distancia. Tell pidió dos flechas, apuntó y atravesó la manzana ganando así su liberación y la de su joven vástago. Al ser preguntado por qué había pedido dos flechas, Tell contestó al malvado preboste: porque de haber fallado la primera, la segunda la habría dirigido a tu corazón y esa no la habría fallado.

Los compatriotas de Tell tienen fama de ser serios, circunspectos, algo aburridos y con dificultad para relacionarse entre ellos y con los demás. Como siempre han sido formales y fiables y tienen por costumbre no meterse en guerras y otros saraos violentos, los demás tienen por costumbre confiarles el dinero para su custodia, lo que les hace aún más ricos, más serios y más formales. Son tan civilizados que ni siquiera el hecho de tener tres o cuatro lenguas diferentes parece amenazar su idílica convivencia basada en referéndums ni estimular quimeras secesionistas. Ellos son así: gustan de vivir sin

174

sobresaltos, en el respeto del otro y en la abundancia sin ostentación; algo aburridos en sus casas llenas de relojes de cuco y guardando, eso sí, el dinero de los demás. Y todo, por una pequeña comisión.

¿Y los lugares más divertidos y excitantes del planeta? ¿Cuáles son las ciudades en las que el público piensa que no hay tregua ni cuartel para el aburrimiento? Pues son tantas y tan dispares como clasificaciones caigan en nuestras manos. Yo he consultado algunas de ellas y he tomado nota de un par. La primera, proporcionada por la agencia privada de noticias Europa Press, corona como ciudad más divertida del planeta (nada menos) a Berlín, seguida de Londres, París, N. York, Tokio, Hamburgo, Roma, Viena, Barcelona, Estambul y Praga. En ese orden. Para obtener tan tópica clasificación se ha atendido a la evaluación de 11 factores, entre los que se incluyen: posibilidad de beber en público, precio medio de una cerveza, tipos de bares, actividades públicas ¿?, compras (tiendas), entretenimiento para adultos ¿?, conciertos, museos y otras.

La revista Time Out llevó a cabo una macroencuesta a 20.000 personas para elaborar su propia clasificación de las ciudades más divertidas atendiendo a la evaluación de las variables de: *Dinamismo*: ¿Cómo es el lugar de emocionante y vibrante? *Inspiración*: ¿Es agradable o difícil para vivir? *Comida y bebida*: Calidad, variedad y precio de sus restaurantes y bares. *Sociabilidad*: ¿Facilita el contacto humano, es acogedora? Y *Asequibilidad:* Coste de la vida. Pues bien: tras analizar los datos de la macroencuesta y valorar los resultados según las variables, llegaron a la conclusión de que la ciudad más «divertida» del mundo es Chicago, seguida de Melbourne, Lisboa, Nueva York, Madrid, Ciudad de México, Sao Paulo, Los Ángeles, Barcelona y Londres.

En fin, den ustedes por válida la clasificación que quieran, pero nunca se tomen en serio una en la que salga Chicago como número uno. O la encuesta está mal hecha o está falseada con algún fin interesado o se han hecho las preguntas erróneas, cosa que me han confirmado todas aquellas personas que han tenido la oportunidad de pasar un invierno junto al lago Michigan. En ninguna de las listas consultadas por mí aparece Cuenca y ni siquiera Sevilla o Cádiz, con lo que tanto Martínez como quien escribe estas líneas han llegado a la conclusión de que a estas clasificaciones hay que darles el valor que tienen, que es cero y que depende muy mucho de a quién se pregunte. Los encuestados asiáticos elegirían, con toda probabilidad, Bangkok, los ludópatas elegirían Las Vegas o Montecarlo, los surfistas Tarifa, las monjitas Roma o Jerusalén, los faquires Benarés, los niños Disneylandia (cualquiera de ellas), los chiitas Teherán y los escandinavos Alicante, Málaga o Tenerife.

Ken MCcoy, de Leeds, de 73 años, ha estado mandando la misma tarjeta de San Valentín a su mujer Valerie durante los últimos 35 años. John Richards, de Lincolnshire, fundó la Asociación para la Protección del Apóstrofo para combatir el uso incorrecto del signo ortográfico. Michael Kennedy, de Norfolk, pasa dos horas diarias, todos los días, exceptuando los domingos, moviendo piedras de un lugar a otro, en un paraje costero, para prevenir la erosión del lugar por medio de un muro. David Morgan, también inglés, posee la colección más grande conocida de conos de tráfico. Steve Wheeler, de 66 años, ha pasado coleccionando durante más de 30 años sus más de 20.000 botellas de leche de vidrio, que limpia, una a una, una vez al año con la ayuda de su mujer. Peter Willis, de 73 años, de Worcester, ha fotografiado y documentado más de 2.500 buzones de correo de la Gran Bretaña, Hugh Barker, de Londres, se ha recorrido el país fotografiando setos. Stan Harwick, de Yorkshire, tiene como *hobby* coleccionar cortadoras de césped, de las que tiene una enorme colección. Neil Brittlebank, también de Yorkshire, colecciona ladrillos con el sello de múltiples fabricantes que almacena a cientos en su parcela y Kevin Beresford, de Redditch, en Worcestershire —lugar en que, como el mismo Kevin señala, hay tres prisiones y ningún cine—, tiene el honor de ser el presidente de la Asociación de Admiradores de las Rotondas. Y, ¿qué tienen todos estos personajes en común? Todos ellos desarrollan apasionadamente una tediosa actividad perfectamente irrelevante e inocua y aparecen en una de las últimas ediciones del calendario del Dull Men's Club (Club de los Hombres Sosos).

El presidente de tan singular club, Leland Carlson, vive en Washington D.C, pues, aunque la mayoría de la «actividad» del club se desarrolla en el Reino Unido (hay cosas que hacen imbatibles a los británicos), también son muchos los miembros del otro lado del Atlántico. El Club, cuyo lema es «celebramos lo ordinario» y su objetivo es «compartir pensamientos y experiencias sobre cosas ordinarias», según su presidente, ha sido, tradicionalmente, de hombres, ya que se ha considerado a las mujeres «demasiado divertidas». En la edición de su interesante calendario anual han incluido por primera vez en 2017 un elenco de seis mujeres capaces de, en sus rutinarias y ordinarias actividades, rivalizar en templanza y trivialidad con sus oponentes masculinos. El Club es un lugar virtual —según Carlson, su presidente— «en el que sentirse libre de presiones de ser moderno e interesante, en el que a nadie le preocupan cosas como tener un coche atractivo, una casa más grande o los viajes exóticos». Un miembro de Ohio subió a la web de la asociación, formada en su mayor parte por hombres de más de 60 años, una foto de sus pies con la leyenda: «La gloriosa sensación de estrenar calcetines». Otro ser humano varón que se unió al club resultó tener un atractivo deportivo rojo, lo que causó no pocos recelos entre algunos de los miembros, que veían así amenazado su estatus de apacible sosería. Pronto cambiaron de idea y lo aceptaron con alborozo cuando el nuevo miembro les mostró la excelente y extensa colección de tapacubos que tenía en su garaje.

En definitiva, el Dull Men's Club es un tributo a lo cotidiano, un azote a lo pretencioso, una burla al esnobismo, un homenaje a lo corriente, una puesta en valor de lo sencillo, lo humilde, lo templado, lo blando, lo sin brillo, lo tranquilo; y un enorme y bello monumento al bendito e inofensivo aburrimiento.

Andy Oxley rodó en 2015 el documental *"Born to Be Mild"* (*Nacido para ser tibio*), jugando irónicamente con la contraposición entre las palabras *mild* (blando, apacible, templado) y *wild* (salvaje, agreste), en el que nos presenta a estos curiosos personajes amantes de las rotondas, los buzones de correos, los ladrillos, los conos de tráfico y otras deliciosas, aburridas, ocurrentes e inofensivas fruslerías.

Desde que Martínez tuvo conocimiento de la existencia de tan apasionante Club, ya ha visitado la web en varias ocasiones, ha adquirido el calendario anual y está tentado de presentar su solicitud de admisión como miembro basada en su afición por consultar diariamente las esquelas del diario local constatando la edad de los finados mientras toma su caña con su platito de olivas cordobesas, y en su notable colección de bañadores marca Meyba de medio muslo, prenda con que su señora le obsequia indefectiblemente cada temporada playera. Y ya van unos cuantos lustros.

XII. LA ESCUELA

Life is not that complicated. You get up, you go to work, eat three meals, you take one good shit and you go to bed. What's the fucking mystery?

La vida no es tan complicada. Te levantas, vas a trabajar, haces tres comidas, una buena cagada y a la cama otra vez. ¿Cuál es el jodido misterio?

GEORGE CARLIN

Cuando era niño:

A) Amaba la escuela y todo lo que había en ella. Era el favorito de la maestra.

B) Amaba el recreo. Era feliz en el patio, en los pasillos, en el comedor y en cualquier sitio en el que no se cantara las tablas de multiplicar.

C) Los maestros no me amaban a mí. Pasé innumerables horas cara a la pared o copiando frases del estilo: «me portaré bien en el colegio», «no me burlaré del maestro» y cosas así.

La escuela ha sido el lugar de aprendizaje por excelencia. En la lejana época en la que el Jubilado Martínez fue escolar, el aprendizaje se llevaba a cabo principalmente por medio del estudio y de la repetición: «ocho por cinco, cuarenta; ocho por seis cuarenta y ocho»; y así una y otra vez, en una tediosa y rancia letanía cantada a modo de lotería nacional en la que la voz poderosa e inocente de Martínez se sobreponía sobre las de la mayoría, tratando de tapar los eventuales errores de los de las filas traseras, menos aplicados ellos. Así de bondadoso y solidario ha sido siempre Martínez; desde su más tierna infancia, transcurrida allá, en aquel pueblo semipintoresco del interior. En el aprendizaje de las lenguas extranjeras, la situación era aún más descabellada, si cabe, llegando a constituir el paradigma del absurdo educativo y la desconexión entre las enseñanzas de la escuela y la vida real. Martínez y muchos de sus coetáneos llegaban a aprobar francés (lengua extranjera del momento), hasta con sobresaliente, sin llegar a emitir en voz alta frase alguna en dicho idioma; ni ellos ni (lo que resulta más increíble aún) sus profesores, a quienes rara vez se les oía pronunciar algo en la lengua de los galos que no estuviera escrito en el libro de texto. A menudo bastaba con aprender listas de palabras con pronunciación vagamente aproximada y traducir algún texto de manera directa e inversa. Era como si los idiomas fueran lenguas muertas cuyo objeto no fuera ser hablados sino leídos y traducidos y se les consideraba «marías» (asignaturas de relleno que se aprobaban por el mero hecho de ir a clase, lo que no pasaba con las matemáticas, la lengua, la geografía o las ciencias naturales). ¡Qué tiempos!

El aprendizaje escolar se basaba en gran medida en el ejercicio de la memoria. Aprender significaba mayormente (si no exclusivamente) memorizar, y la memoria se ejercitaba por medio del estudio y la repetición, es decir, del aburrimiento. Antonio Machado hacía la crónica del clima escolar con sensibilidad y maestría:

> Una tarde parda y fría // de invierno. Los colegiales // estudian. Monotonía // de lluvia tras los cristales. // (...) Con timbre sonoro y hueco // truena el maestro, un anciano // mal vestido, enjuto y seco, // que lleva un libro en la mano. // Y todo un coro infantil // va cantando la lección: // «mil veces ciento, cien mil; // mil veces mil, un millón».

Otro poeta, Vicente Aleixandre, también interpreta en sus versos el tedioso ambiente de la tarde (siempre la tarde) escolar:

> Como un niño que en la tarde brumosa va diciendo su lección // y se duerme. // Y allí, sobre el magno pupitre está el mudo profesor que no escucha. // Y ha entrado en la última hora un vapor leve, porfiado // pronto espesísimo y ha ido envolviéndonos a todos.

Como contrapunto al aburrimiento de la tarde en la escuela, Azorín describe (este en prosa) el alborozo que se produce en el aula durante la ausencia del maestro, motivo de jolgorio, diversión y liberación del espíritu aprisionado:

> *Hace un momento ha salido el maestro; no hay nada comparable en la vida a estos breves y deliciosos respiros que los muchachos tenemos cuando se aleja de nosotros momentáneamente ese hombre terrible que nos tiene quietos y silenciosos en los bancos. A las posturas violentas de sumisión, a los gestos modosos, suceden repentinamente los movimientos libres, los saltos locos, las caras expansivas. A la inacción letal, sucede la vida plena e inconsciente...*

No todo era, sin embargo, repetición, silencio y tedio, solo aliviado con la ausencia del maestro. La escuela tradicional tenía también sus momentos de canto, acción física y juego, aunque administrado, por lo general, de manera cicatera.

Las tendencias pedagógicas vienen a actuar como un péndulo. Lo que ayer era bueno, necesario y preceptivo, hoy es ineficaz, superfluo y contraproducente, de modo que, de acuerdo con los gurús de la pedagogía moderna, el aprendizaje se debe producir en un contexto de acción, experimentación y diversión o no se produce. Sir Ken Robinson, erigido en adalid del paradigma, gracias a su arrebatadora elocuencia y a su determinación, ha devenido universalmente famoso con su postulado de que la escuela, con sus evaluaciones puntuales y continuas y repetitivas rutinas, mata la creatividad. Este popular pedagogo inglés, consejero en materia escolar de gobiernos y conferenciante brillante, no se cansa de clamar por la necesidad de potenciar la creatividad en la escuela por encima de los conocimientos en matemáticas, lenguas o ciencias, así como de la necesidad de aceptar el error como fuente de conocimiento, ya que el aprendizaje se da en el ejercicio del ensayo-error o no se da. Se queja el inglés (y sus innumerables seguidores) de que la escuela es una fábrica de hombres y mujeres aptos para el trabajo de una sociedad industrial obsoleta y desfasada, que mata la imaginación, la innovación y el uso y disfrute del cuerpo que potencian el ejercicio de las artes como el teatro y el baile, especialmente el baile. La escuela convencional frustra, adormece y mata estas habilidades innatas del niño que no llegan a florecer gracias —o debido a— el tedio de las tardes machadianas y a los cánticos de las tablas de multiplicar de la escuela del incombustible Martínez. La inteligencia es diversa, interactiva y, sobre todo, única; y el ser humano es feliz en la medida en la que hace lo que le apasiona, cosa en la que todos estamos de acuerdo, si no fuera por el pequeño detalle, todavía no explicado ni resuelto, de que «alguien» tiene que hacer los trabajos tediosos, repetitivos, malolientes, esforzados, duros y complicados. Y no vale (por decencia) decir que eso corresponde a quienes vienen de fuera. Aunque sea cierto que la robótica y la informática cada día se ocupan de resolver un mayor número de estos temas.

El paradigma educativo tradicional, que se fundamentaba en el maestro, la memoria y el aprendizaje de los contenidos, está siendo sustituido por el actual, que se basa en no aprender de memoria y en la adquisición de procesos en vez de contenidos, lo que hace que los padres quieran, no ya (o, en el mejor de los casos, no solo) que los niños aprendan, sino que «se diviertan», y que la escuela, los maestros, saquen de ellos lo mejor de sí mismos, convirtiendo el acto educativo en una especie de animado jolgorio pleno de amenidades que habrá de conducir necesariamente al hallazgo intelectual del aprendizaje o al desarrollo de las destrezas, competencias y cosas así, que, para muchos, viene a ser lo mismo. De modo que la pregunta del padre al niño al salir de la escuela no es tanto «¿qué has aprendido hoy?» sino «¿lo has pasado bien?», como si de la fiesta de cumpleaños de un amiguito se tratara. Lo cierto es que algunos pedagogos, críticos con la tendencia actual, alegan que, con tanta actividad y elaboración de proyectos, los chicos no aprenden nada, o no aprenden lo que debieran. Y ello, por algo que algunos, como el filósofo y pedagogo José Antonio Marina, poco sospechoso de no estar por la innovación pedagógica, han venido apuntando; que es la necesidad del ejercicio de la memoria: «Es perverso decir que no hay que aprender las cosas de memoria. Cada vez que decimos que no hay que aprender cosas de memoria estamos diciendo un disparate neurológico total», argumenta Marina.

No se trata, pues, de hacer una apología del aburrimiento en la escuela, sino más bien la consideración de que una cierta dosis de estudio y de memorización es necesaria para asentar el aprendizaje, como en su día hizo Martínez con las tablas de multiplicar y que hoy es todavía capaz de repetir sin un fallo ni medio.

Una prueba del descenso del umbral de resistencia al aburrimiento de la población infantil en nuestro tiempo es, sin duda, el alto porcentaje de niños diagnosticados con el Trastorno por Déficit de Atención e Hiperactividad (TDHA), enormemente popular hoy en día, como bien sabe el profesorado de colegios e institutos. El síndrome, constituido como pandemia escolar moderna, era un agente desconocido por completo en la lejana escolarización de Martínez, época en la que nadie había oído hablar de tan sofisticada y común amenaza al aprendizaje. Los síntomas, en términos generales, son: falta de atención, impulsividad e hiperactividad, que se expresan con conductas inadecuadas tales como: hablar en exceso, moverse continuamente cuando no toca, hacer ruido constantemente, dificultad para relajarse, falta de constancia, incapacidad para atender y/o concentrarse, no acabar las tareas, interrumpir continuamente a los otros (incluidos los adultos), contestar de manera desafiante y/o impertinente, «toquetearlo» todo y mostrar dificultad para seguir las normas en juegos y actividades. En fin, una pesadilla para el maestro, en la medida en que el niño reclama una atención continuada que interfiere y dificulta la marcha apacible de la clase.

Si el síndrome es nuevo, o parece serlo, los síntomas son muy antiguos, o así se lo parece a Martínez. En su época, a estas actitudes se les llamaba «mal comportamiento» o «mala educación» y al niño que las exhibía se le denominaba díscolo, maleducado, revoltoso o (y esta es la favorita de Martínez) levantisco. A estos niños no se les consideraba enfermos sino otra cosa más de andar por casa (de casa familiar, me refiero) y al «Trastorno» se le etiquetaba más bien de déficit de educación y de carencia de normas impuestas en la familia en la que, presumiblemente, se había mimado en exceso o dejado al niño campar por sus respetos. La terapia no era tal: consistía únicamente en imponer las normas que no se habían puesto en casa para tratar de neutralizar la «hiperactividad» e impertinencia convirtiéndola en respeto para con los adultos, con el maestro y con los otros niños. Así se veían las cosas en tiempos pretéritos, en los que los recién nacidos venían, como

188

ahora, sin manual de instrucciones. No tengo datos sobre la eficacia de aquellos métodos y de estos. Probablemente los resultados eran decepcionantes (como lo son ahora, por cierto). Lo que sí que se aprecia, así, a bulto y de manera intuitiva, es que la proporción de niños con este desorden ha aumentado exponencialmente en las últimas décadas coincidiendo con el descenso de nacimientos. Y que el aburrimiento, o su umbral de activación, tiene mucho que ver con ello, en una sociedad y un tiempo de continua exposición a la (sobre)estimulación y a la búsqueda sin tregua de lo lúdico, de lo divertido, de lo cómodo y de lo autogratificante.

Hoy, el trastorno infantil se trata con terapia psicológica, que no es sino recordar a los padres la obligación de imponer límites en la conducta de los hijos desde pequeños, apoyado con el tratamiento farmacológico de estimulantes anfetamínicos, como el metilfenidato, que aumentan la dopamina en algunas partes del cerebro. Últimamente, el uso de la atomoxetina, un compuesto no anfetamínico, con menos efectos secundarios y de adicción, se ha puesto más en boga. Este medicamento aumenta la noradrenalina, un transmisor que regula los niveles de la atención, impulsividad y actividad. En definitiva, un tratamiento más seguro y de efectos secundarios atenuados. A veces también se usan los antidepresivos tricíclicos como apoyo o como sustitución de los anteriores.

Si bien estos tratamientos y sus terapias coadyuvantes pueden ser útiles para el manejo del desorden, está extendida entre los educadores la opinión de que, en primer lugar, el trastorno está sobrediagnosticado y en segundo lugar que, excepto en contadas excepciones, más que de un asunto de índole farmacológica, estamos tratando con un problema social que incluye falta de pericia y/o dedicación parental, cierto sentido de culpa, ausencia de roles de autoridad de prestigio en la familia y un ápice de sobreestimulación al niño, al que se le conceden todos los caprichos posibles y no se le permite ni un minuto de bendito aburrimiento, estado que, como el nirvana, necesita su práctica y entrenamiento.

EPÍLOGO

Como colofón a este recorrido sobre el aburrimiento —sus peculiaridades, sus causas y sus efectos— voy a tratar de recoger, a modo de recapitulación, las ideas más relevantes que han ido apareciendo, de manera más o menos desordenada, a lo largo de las páginas precedentes. Algunas de estas ideas pueden ser entendidas como consejos para paliar el aburrimiento. Este «no» es un libro de autoayuda y yo «no» soy la persona indicada para dar consejos. En primer lugar, porque yo mismo no suelo seguirlos, y en segundo porque, como el Jubilado Martínez —que firma el prólogo—, pertenezco a ese tipo de personas que «siente» el aburrimiento. No mucho, no siempre, pero sí a menudo. No es, pues, la experiencia del autor lo que les dará la luz. El único activo que me avala es el hecho de que, para escribir este libro, he invertido muchas horas, días, semanas y meses leyendo, reflexionando, hurgando en mi memoria y buscando las experiencias de otros que pudieran arrojar algo de luz en el misterio de por qué nos aburrimos y de por qué unos se aburren y otros no, teniendo las mismas vivencias. Ahí van, pues esos enunciados, por si les sirve de algo:

- *En la literatura, el teatro, el cine y la televisión se presenta una realidad explicada por un tiempo siempre lleno de acción. Es un tiempo falso. Para que se dé el equilibrio cognitivo y emocional que la vida humana requiere hace falta un tiempo pausado que dé lugar al pensamiento, el equilibrio emocional y la creatividad.*

- *«No hay que confundir acción con movimiento». (Hemingway a Marlene Dietrich). A veces coinciden. Muchas otras, no.*

- *Hay personas que «son» y (generalmente) «están» divertidas (Estrellas). Hay personas que «están» divertidas pero que «son» aburridas (Plastas). Otras «son» aburridas y «están» —por lo general— aburridas (Cenizos), y otras que logran «ser» divertidas dentro de un estado de obstinado aburrimiento (Comediantes).*

- *El aburrimiento es algo totalmente subjetivo. Hay quien se aburre toreando un morlaco de seiscientos quilos y quien se lo pasa en grande viendo secarse la pintura de la pared.*

- *La hiperconectividad que proporciona el smartphone puede tener efectos adversos, matando la creatividad. Para que esta exista hace falta reflexión. Rushkoff propone desconectarse cada dos horas de los aparatos para hacer cinco minutos de «meditación», que no es sino el encuentro con el propio yo.*

- *El caminar es un gran enemigo del aburrimiento. Favorece, además, la creatividad, dando frescura y originalidad al pensamiento. Aristóteles, Dickens, Rousseau y Nietzsche eran caminantes empedernidos que en el deambular encontraban la inspiración para su obra. Y ninguno llevaba pinganillo.*

- *Empezamos a abandonar una página de Internet si tarda en cargarse 250 milisegundos y un vídeo si tarda dos segundos en comenzar, lo que demuestra la espectacular reducción de nuestro umbral del aburrimiento y la enorme hiperactividad cognitiva a la que nos sometemos.*

- *Nadie parece aburrirse nunca. Mentira. Es solo un reflejo de la imagen de glamurosa felicidad que queremos proyectar en las redes sociales.*

- *«Uno es rico si tiene tres amigos, no 3.500» (Nuccio Ordine).*

- *Muchos han buscado el retiro y la desconexión como solución antiaburrimiento. Hay quienes (como Thoreau) buscaron el retiro y la vida "quasi" autosuficiente «...para no darme cuenta, en el momento de morir, de que no había vivido».*

- *La meditación y la quietud (en mayor o menor medida) pueden ser una buena estrategia para luchar contra el aburrimiento y una defensa contra el desasosiego que sobreviene con la hiperestimulación y la dispersión de la vida moderna.*

- *La pasión es el verdadero antídoto contra el aburrimiento. El sentimiento vehemente y arrebatador, capaz de dominar la voluntad y la razón, excluye el tedio. Quien se arranca el clavo del corazón será, quizá, menos infeliz, pero no estará menos aburrido.*

- *El aburrimiento situacional es el que experimentamos cuando esperamos en un aeropuerto, en una celebración religiosa o en un acto protocolario. Es sano y de fácil cura: solo hay que cambiar de actividad. Hay también un aburrimiento por saturación (cuando tenemos demasiado de algo). Es algo más complejo de solucionar. A veces cuesta renunciar a cosas.*

- *Otra clase de aburrimiento es el producido por (des)ubicación o desplazamiento. Lo siente quien, como Madame Bovary, cree lo que todo lo que vale la pena en la vida transcurre en círculos sociales o lugares fuera del alcance de uno; lugares y círculos de los que se está excluido.*

- *El aburrimiento por antonomasia, el conocido como "spleen", "mal du siècle" o simplemente tedio (Pessoa), es el aburrimiento existencial, cuyo antídoto no se vislumbra ni dentro ni fuera del ser. Es la sensación de que nada que pueda ocurrirle a uno vale la pena ser vivido. Es de muy difícil compostura puesto que nos conduce directamente al nudo del problema filosófico del tiempo y del ser.*

- *Al tedio del monje y del ermitaño se le llama acedia. Constituía (y aún, quizá, lo sigue siendo) un gran problema para el religioso. Se trata del más metafísico de los pecados capitales. San Benito logró atajar el problema con su Regla Benedictina. El "ora et labora" conjuga el trabajo liberador con la meditación de la oración.*

- *La siesta, el llamado yoga nacional, es un eficacísimo ejercicio. Contra el tedio y contra otras muchas cosas perniciosas.*

- *Admitamos que los animales (al menos, a partir de cierto estadio indeterminado en la escala animal) pueden experimentar el aburrimiento "situacional" y hasta el de "por saturación". Reservamos el existencial como prebenda y estiba exclusivas del género humano.*

- *El trabajo, el ejercicio y las relaciones humanas son el antibiótico que puede curar el aburrimiento. El espectáculo y la diversión, la anestesia (lo adormecen), y los juegos de mesa y los pasatiempos, el analgésico (lo entretienen). Pero la verdadera vacuna que inmuniza contra el tedio es la pasión. Por el arte, la música, las rotondas, la guitarra, la belleza, el cine o los buzones de correos. Quien ama apasionadamente algo o a alguien está a salvo del aburrimiento existencial.*

- *No hay que confundir los síntomas del aburrimiento con los de la depresión. Esta sobreevaluación de los síntomas del tedio propicia la prescripción de antidepresivos, ansiolíticos e hipnóticos, totalmente inadecuados para el caso.*

- *Hay quien, en el empeño de neutralizar el aburrimiento, se dedica a «llenar» los días y las horas en lo que parece ser una frenética «terapia ocupacional». Sirve para lo que sirve. Solo para distraer el síntoma, no como solución.*

- *Los instintos, los impulsos y las emociones han evolucionado (según las leyes de Darwin) para satisfacer las presiones evolutivas básicas de supervivencia y reproducción. Al aumentar la esperanza de vida hasta los 83 años, habiendo satisfecho el asunto de la supervivencia y olvidado u obviado el de la reproducción, muchos se ven invadidos por un cierto tedio. Más cómodos y más seguros, pero más aburridos.*

- *Buenas noticias. Se aburre quien tiene las necesidades básicas (alimentación, hidratación, ¿sexo...?) cubiertas y no está en peligro inminente de ser agredido por fiera o humano ni en peligro de muerte o lesión severa.*
- *Más buenas noticias. «El aburrimiento es el que ha inventado el juego, las distracciones, la novela y el amor». (Unamuno)*
- *El trabajo es causa y cura del aburrimiento. La pereza también.*
- *En ocasiones, el aburrimiento y el confort vienen juntos y, como Forrest Gump o Don Quijote, hay que salir por ahí a recorrer los caminos renunciando al mullido sillón, la bien surtida biblioteca y el abono a la tele de pago.*

- *Según Pascal «la mayoría de los males les vienen a los hombres por no quedarse tranquilos en casa». Es cierto. Lo contrario también.*

- *Sí. Existe un Club de los Hombres Sosos. Y es divertido.*

- *La escuela no tiene porqué ser aburrida.*

- *En el empeño de hacerla permanentemente «divertida» se tiene la tentación de evitar al máximo el ejercicio de la memoria. Es un error.*

- *Es muy posible que el Trastorno por Déficit de Atención e Hiperactividad (TDAH) esté diagnosticado y medicado en exceso.*

Todas estas ideas y otras muchas que, en principio, considero menos relevantes, han ido apareciendo en las páginas de este libro con mayor o menor pericia o fortuna en su exposición. Espero que algunas de ellas te hayan resultado útiles, pero, sobre todo, deseo que este libro te haya resultado ameno, que haya despertado y mantenido tu interés en todo momento, y que, como todos los libros que nos interesan, sientas algo de tristeza (y no alivio) al leer estas últimas líneas.

EL AUTOR